世界心理学名著

▼

性学三论与爱情心理学

THREE CONTRIBUTIONS TO THE THEORY OF SEX & THE PSYCHOLOGY OF LOVE

〔奥〕弗洛伊德◎著

许 蕾◎译

重庆出版集团 重庆出版社

图书在版编目（CIP）数据

性学三论与爱情心理学 /〔奥〕弗洛伊德著；许蕾译.
—重庆：重庆出版社，2017.2
　　ISBN 978-7-229-11140-3
　　Ⅰ.①性… Ⅱ.①弗… ②许… Ⅲ.①性学②恋爱心理学　Ⅳ.①C913.1
　　中国版本图书馆 CIP 数据核字（2016）第092124号

性学三论与爱情心理学
XINGXUE SANLUN YU AIQING XINLIXUE
〔奥〕弗洛伊德　著　　许　蕾　译

责任编辑：刘　喆
责任校对：刘小燕
装帧设计：王珊珊

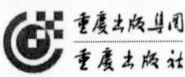

重庆市南岸区南滨路162号1幢　邮政编码：400061　http://www.cqph.com
自贡兴华印务有限公司印刷
重庆出版集团图书发行有限公司发行
邮购电话：023-61520646
全国新华书店经销

开本：880×1230mm　1/32　印张：7.25　字数：145千
2017年2月第1版　2017年2月第1次印刷
ISBN 978-7-229-11140-3
定价：38.00元

如有印装质量问题，请向本集团图书发行有限公司调换：023-61520678

版权所有　侵权必究

出版说明

西格蒙德·弗洛伊德（1856—1939）是奥地利精神病医师、心理学家、精神分析学派创始人。1873年入维也纳大学医学院学习，1881年获医学博士学位。1882—1885年在维也纳综合医院担任医师，从事脑解剖和病理学研究。然后私人开业治疗精神病。1895年正式提出精神分析的概念。1899年出版《梦的解析》，被认为是精神分析心理学的正式形成。1919年成立国际精神分析学会，标志着精神分析学派最终形成。1930年被授予歌德奖。1936年成为英国皇家学会会员。1938年奥地利被德国侵占，赴英国避难，次年于伦敦逝世。他开创了潜意识研究的新领域，促进了动力心理学、人格心理学和变态心理学的研究和发展，奠定了现代医学新模式的基础，为20世纪西方人文学科提供了重要理论支柱。

《性学三论》主要研究人类性欲的本质及其发展过程，这是弗洛伊德继《梦的解析》之后对人性探讨中最富创见和最具永恒的贡献之一。

在书中，弗洛伊德运用精神分析的研究方法，结合自己对病例的分析研究，在性的问题上得出了自己的一套理论体系。他在研究性的问题时，将其划分成性的对象、性的目的、性的表现方式等方面，由此总结出了自己对性变态、幼儿性欲和青春期性欲的变化的独到看法，开辟了全新的性学研究领域。他还在书中就在学校加强儿童的性知识、性观念的教育的重要性提出了自己的见解。此外，弗洛伊德还在书中就男性在爱情中选择对象的原则和性无能、处女的禁忌给予了鞭辟入里的心理学诠释。弗洛伊德的这些观点并非浅尝辄止的纸上谈兵，而是他经过多年的医学研究得出的性学成果，可谓是为人类的性启蒙教育打开了一扇亮窗！读起来令人恍然大悟又回味无穷！

为了能够使读者更好地读懂弗洛伊德在书中传达的精神思想，译者在翻译此书的过程中，既保留了弗洛伊德原汁原味的思想理论，又字字斟酌，翻译出最适宜中国读者阅读的文字。

作为编者，我们很高兴看到弗洛伊德性学研究的光辉在全球各地扎根生长，并影响一代又一代人的精神发育。为此，我们特意将弗洛伊德在性学领域的真知灼见整理成《性学三论与爱情心理学》一书，将弗洛伊德对性变态、幼儿性欲、青春期的变化以及性道德文明和男性选择对象的原则、性无能和处女的禁忌等人们关注的话题的解读，呈现在这本书中，为想要客观、科学地了解"性与心理"的读者提供最原汁原味的中译本。

同时，我们在装帧设计上也极力追求简约精致，以期真正让阅读成为一种精神享受，为广大读者提供品质阅读。

第四版序

  大战结束后，世界各地对精神分析的研究兴趣仍方兴未艾，这的确使人十分欣慰。但人们对这个理论的各组成部分并未持平等相待的态度。精神分析学中的某些纯粹心理学课题及其发现，如潜意识、抑制作用、冲突的致病能力、病态带来的好处、症状发生机制等，正日益得到更多人的理解和重视；甚至那些与我们观点不同的人，也不得不注意它们。然而对这一理论的其他组成部分（它们的要义已包含在这本书中），即那些与生物学相交叉的部分，人们的反对之声却有增无减；甚至那些一度对精神分析学极感兴趣和极热情的人，也放弃了精神分析的见解，转而寻找在正常人和病人的心理生活中起作用的其他一些限制性因素或意图。

  但不管怎样，我绝不愿承认精神分析的这一部分比其他部分更远离事实。发现事实的真相乃是心理分析的职责。我的记忆以及我不时对材料所做的重新检查使我确信，这一部分理论同样是建立在小心而又不偏不倚的观察上面的。为什么人们对我理论中的各个部分不能等同视之？对其中某一部分很乐于接受，而对另外一部分则坚决反对？其原因很明显。研究者往往偏重以极大的耐心和高超的技巧去追溯人类的性生活，甚至一直追溯到病人出生的那一年；然而医学实践又常要求疗效迅速。这种事是不易做到，况且，只有施行精神分析法的医师才能有机会接近这样的知识，从而不再使自己的判断受偏见与好恶的影响。假如人们早能学会如何去直接观察儿童，这三篇论文就无须再写。

此外，我们还应记住，这本书的某些部分——坚持性欲乃是人类取得的一切成就的源泉，以及性欲观察的扩展——从一开始便是精神分析学遭到反对的最强烈的因素。那些喜欢高喊刺耳口号的人们，常常批评精神分析学的"泛性主义"，甚至无聊地攻击它以性来解释一切。若不是我们早已深知情感因素能使人混淆事实和健忘，我们一定会对此感到惊异不已。早在很多年之前，哲学家叔本华就已阐明了人类活动如何受性行动的影响。我想，大多数读者还不至于把这篇轰动文坛的文章忘得如此干净。至于说到性欲观念的扩展（就是分析儿童及其所谓的性倒错之后的必然结果），任何一个自视高明、对精神分析不屑一顾的人都应回忆一下，精神分析学在对"性欲"这一词的意义扩展之后，它同神圣非凡的柏拉图所说的"爱欲"（eros）在意义上是多么接近。

弗洛伊德
1920年5月于维也纳

第三版序

近十多年来，我一直在关注着本书造成的影响以及它为读者们所接受的程度。在第三版发行之际，我愿再补充几句，以消除读者的某些误解和不可能满足的期望。首先需要指出的是，本书所提供的发现完全是来自日常的医学观察，而其中那些以精神分析原理得到的发现则较具有理论的深度和科学的重要性。事实上，除了以精神分析法为指导而建立的理论外，《性学三论》一书不可能包括其他内容。无疑，本书还未能扩展成一部"完整的性学理论"专著，对性生活中许多重要问题本书也尚未涉及，希望读者不要误认为作者对此一无所知，或认为这些东西毫不重要才把它们删掉。

不管是题材的选择还是材料的安排，本书都以精神分析的观察为依据。综观全书，它对各种宿因的轻重处置也是极不同的。它特别强调的是偶发因素，而先天性体质则仅被作为背景看待；至于"种族进化因素"与"个体的发展因素"相比，后者更被强调。在心理分析中，偶发因素常常扮演着重要的角色，但分析所及的东西，则是人的内在心理动机。比较起来，先天性体质因素则不那么重要，这种因素必须经过激发之后，才会有所表现，而且对体质因素的较全面探讨，已超出了精神分析学的能力。

个体发展史与种族进化史之间的关系同样如此。个体发展可以被视为种族进化的重现，但后者永远不受新近经验的影响。种族进化中的一些倾向原是种族远古经验的积淀，此外还应加上个体新近的经验，即偶发因素的总和。

本书的独特经验在于，它不但完全以精神分析研究为基础，还小心地避免涉及种种生物学发现。我总是注意避免涉及一般的性生物学或某些动物研究中的见解，因为本书只想以精神分析法来探讨人类的性功能，我的目的在于弄清，心理学研究究竟能为人类性生活的生物学知识投下多少曙光。必须提出，在我们的研究中，其实已经发现了二者的联系和一致之处。当然，当精神分析推导出的某些重要见解或发现与生物学存在分歧时，我也无须收回自己的见解。在第三版里我加上了不少新的材料，但我在这里不再像前一版那样加以特别注明。目前，本学科的科学进展还是相当缓慢的。当然，若不想与最近的精神分析文献脱节，本版仍需要添加某些新的材料。

弗洛伊德
1914年10月于维也纳

第二版序

  我深知,这本小册子仍然还有许多不当和模糊之处,假如把我最近五年的研究成果加进去,这当然是一个十分诱人的做法,但我并不愿这样做,因为这样一来就破坏了本书的完整性及其历史意义。在重新发表之际,我只是将原文稍加修改,并添加了几个注释。我认为这样就足够了。事实上,我宁愿本书作为一本古董出现,因为再版一本书,其目的就在于使其中那些新颖的题材得到大家的接受,而其中的缺点则能由更好的作品取代。

弗洛伊德

1909年10月于维也纳

目录

上篇：性学三论

第一章　性变态　　　　　　　　　　　003

★ 关于性对象的变异　　　　　　　　　004

★ 性目的的变化　　　　　　　　　　　013

★ 性变态的共同特征　　　　　　　　　021

★ 神经症者的性本能　　　　　　　　　023

★ 组元本能与快感区　　　　　　　　　027

★ 精神神经症中性变态盛行的原因　　　029

★ 幼儿性欲特征的提示　　　　　　　　030

第二章　幼儿性欲　　　　　　　　　　032

★ 幼儿的性潜伏期及其中断　　　　　035

★ 幼儿期的性欲表现　　　　　　　　037

★ 幼儿期性欲活动的性目的　　　　　040

★ 自慰（手淫）的性表现　　　　　　042

★ 关于幼儿的性研究　　　　　　　　050

★ 性组织的发展阶段　　　　　　　　053

★ 幼儿期性欲的来源　　　　　　　　057

第三章　青春期的改变　　　　　　　　064

★ 生殖区的首要性及前期快感　　　　065

★ 关于性兴奋的问题　　　　　　　　070

★ 力比多理论　　　　　　　　　　　073

★ 男女之间的分化　　　　　　　　　075

★ 寻找性对象　　　　　　　　　　　078

总结　　　　　　　　　　　　　　　　087

下篇：爱情心理学

第四章　男人如何选择对象　　　　　　103

第五章　阳痿——性爱领域最普遍的衰退趋势　115

第六章　处女的禁忌　　　　　　　　　130

附录

一、儿童的性理论　　　　　　　　　153

二、本能的蜕变　　　　　　　　　　169

三、性道德文明与现代人的不安　　　194

上篇
性学三论

上篇：性学三论

第一章 性变态

生物学通常用"性本能"（sexual instinct）表达存在于人类及动物身上的性需要（sexual need），并将它比喻为营养需求本能，相当于饥饿感。然而，日常用语中却找不到在性方面与"饥饿"相对应的词，故采用"力比多"（libido，即性力）与此对应。

当下流行的观点对这种性本能的实质与特征有着极为明确的态度。人们通常认为它并不存在于童年期，而是随着个体的成熟出现在青春期，它表现于男女两性间那种不可遏制的吸引中，而其目的是性的结合，或导致性结合的所有行为。然而我们有充分的理由相信，这些观点极大地歪曲了事实。如果仔细研究的话，我们就会发现它们充满了错误的、粗糙的和草率的结论。

在此我将提出两个技术性词汇。让我们把具有性引力的人称做"性对象"（sexual object）；而将性本能欲求的行为称做"性目的"（sexual aim），科学观察发现，许多偏离常态的现象均与性对象和性目的有关。因此，异常与正常的关系便有待研究才能揭示。

关于性对象的变异

关于性本能的流行观点很像一个美丽的诗歌传说，讲的是人最初原是单性的，后来被分成了两部分：男人和女人。男女之间奋力地通过爱情相互吸引，经过一番曲折奋斗之后再度地结合为一体（或融合），这种理念是根深蒂固的。因此，人们无不惊诧于这样的结果：男人的性对象不是女人而是男人，而女人的性对象不是男人却是女人。于是这种人便被描述为具有"矛盾性情感"（contrary sexual feelings）的人，或更确切地称为"性倒错者"，这种现象则谓之"性倒错"（sexual inverts）。虽然难以准确地确定这种人的数量，但肯定不会太少。

◎ 性倒错

（一）性倒错的行为

这类人在以下诸方面表现出极其不同的行为方式。

1. 完全（absolute）性倒错者。其性对象全然为同性，对异性从来没有性欲望，且表现出冷漠，甚至产生性厌恶。若是男人，这种性厌恶导致他们无法施行性行为，或无法从中获得乐趣。

2. 两栖（amphigenic）性倒错者。即心理性阴阳人。性对象可以是同性，也可以是异性，故其特征不甚明确。

3. 偶然（contingent）性倒错者。即在特定的外在条件下，诸如得不到正常的性对象，或者主要是模仿，于是他们便以同性为性对象并在与他们的性交中获得满足。

同样，性倒错者对性本能的看法也不尽相同。有些人认为这实属正常，正像正常的人可以接受他的力比多一样，并坚决要求使性倒错合法化；有些人则反对性倒错，并视其为一种病态冲动。

其他的不同则与时间有关。性倒错的特征在有些人身上可凭记忆追溯到极早的时候，而在有些人身上则出现在青春期前后。性倒错特征或许可以保持终生，或进行暂时的中断以构成正常发展过程中的一段插曲。有些人在经过了长期正常的性生活后才出现倒错；有些人则在正常与倒错的性对象之间做周期性运作；最有趣的是，有些人是在经历了与正常性对象的痛苦体验后才将力比多转向倒错的性对象。

这些性倒错的不同类型是相互独立的，可以十分肯定地假定，只有最极端的性倒错者起始于童年早期，且这种人并不为自己的特殊感到不适。

许多权威人士不愿对以上所述的各种情形做出同一归类，为保持与自己偏爱的观点相一致，他们宁肯强调性倒错者之间的相异而不是相同之处。然而，尽管性倒错者间的不同是毫无疑义的，但绝不能忽视在每一种类型中均有众多的中间型。因此，我们不得不指出，我们是在对相互联系的一系列特征做出分析。

（二）性倒错的实质

关于倒错现象，最早将它作为一种先天性神经退化的标志。这是因为医生最初是在那些神经症者或欲患神经症者的身上发现这一现象的。这一特征的确涉及两种假设,必须分别予以考虑:它是先天的和退化的。

(三) 退化

就此而言,反对使用"退化(degeneracy)"一词也是顺理成章的,因为通常它已被任意使用,似乎将非明显的创伤性或传染性症状当做退化已成了惯例。马格南(Magnan)关于退化的分类即属此类,他甚至用退化描述神经系统的高级功能。既然如此,"退化"有何价值或是否增加了新知,就值得怀疑了。明智的做法似乎是在下列情形下使用退化:(1)发现了偏离正常的几种严重变化;(2)有效工作和生存的能力受到严重伤害。

一些事实表明,就退化的这一意义而言,倒错不应视为退化:(1)倒错者并不具有偏离常人的严重变化。(2)倒错者的能力非但未受损害,而且智力发展及伦理修养成绩斐然。(3)如果我们不是从医疗实践的角度,而是从更广阔的范围看待我们的病人,那么,两种事实无法使我们将倒错视为退化:其一,性倒错是一种常见现象,它往往出现在文明发展顶峰期的人群之中,人们或许会说它具有重要的功能;其二,性倒错在野蛮人及原始人中极为普遍,而退化概念仅适于高度文明(见布洛赫),即使在文明的欧洲人当中,气候及种族也对倒错的分布及人们对它的态度产生重要影响。

(四) 先天特征

也许可以设想,只有第一类即极端的倒错者,才与先天性有关,其证据也来自倒错者自身,因为在他们的一生中性冲动从未采取过其他形式。其他两类,尤其是第三类(偶发的性变态)很难接受倒错的先天性假设。这可以解释为为何支持该观点的人试图将纯粹的倒错者与其他类型区别开来,并放弃关于倒错的普遍性应用的观点。按照这些权威者的意见,只有一类倒错是先天的,其他的倒错自有他因。

与该观点相反的意见认为,性倒错是性本能的习得特征。这种观点建立于下列理由之上:(1)在许多倒错者身上,包括纯粹的倒错者,很早就出现了性印象,这一印象给他们带来了同性恋的永久效应。(2)在另外的许多倒错者身上,强烈的外部影响,不管是有益的或压抑的,或早或晚引发了倒错的固着(fixation)(比如与同性的关系、战争中的伙伴、狱中的监禁、与异性性交的危险、禁欲及性功能衰弱等等)。(3)催眠暗示可消除倒错,如果它是先天的,岂不令人惊叹不止。

考虑到这些因素,"先天性性倒错"这一观点就值得怀疑了。可以认为(霭理士,1915),如果对所谓的先天性性倒错做更进一步的检查,不难发现,童年早期的经验或许对力比多的方向起了决定性作用,这种经验也许超出了个体的意识性回忆,但在特定的影响下又可召回到记忆中来。按照这些学者的观点,性倒错不过是性本能的常见变异,由个体生活中一系列外部情形所决定。

这一结论看似明确，但不能不受到下列事实的冲击，即许多受到同样性影响的人（如发生在童年早期的诱奸或相互手淫）并未变成倒错者或永久地倒错下去。因此，我们不得不怀疑，"先天"和"后天"的选择均不是绝对的，它无法囊括所有的性倒错问题。

（五）性倒错的解释

性倒错的本质，无论先天性还是习得性都无法解释。关于先天性，我们必须发问，从哪个方面看是先天的？否则，我们便会接受这种粗劣的解释：每个人天生将其性本能指向某一性目标。关于习得性，同样存有疑义，即如果不考虑到个体的因素，各种各样的偶发影响是否足以解释倒错的习得问题。诚如前言，个体因素是不应忽视的。

（六）双性（bisexuality）

李兹顿（Lydston, 1889）、科南（Kiernan, 1888）和薛瓦利埃（Chevalier, 1893）在解释性倒错方面提出了有异于常见的观点。通常认为人非男即女。然而科学表明，有些人的性征是模糊不清的，很难辨别其性别。这一现象首先表现于解剖学领域：这种人的生殖器具有两性特征（即阴阳人），在极端的情形下，两种性器官均得到了充分的发展（真性阴阳人）；但在更多的时候两种器官均退化了。

这些生理上的重要发现无意促进了我们对正常发育的理解，它表明，某种程度的解剖学双性是正常的。在每一个正常的男人或女人身上，都可以找到异性器官的残迹，它们要么作为多余的器官不起任何作用，要么经过变化移作他用。

这些知之甚久的解剖学事实使我们认识到，人在生理上起初是双性的，进化使人变为了单性，退化的另一性便只有少许的蛛丝马迹了。

似乎可将这一假设扩展到精神领域，将所有的性倒错视为心理阴阳人的表现。要确定这一点，所有要做的不过是要证明，性倒错总是伴随着心理的和生理的阴阳人迹象。

然而这种设想却是令人失望的，因为心理阴阳人和解剖上的阴阳人之间的密切关系不可能被证实。虽然在性倒错者身上（霭理士，1915），但经常可以发现性本能的降低和性器官的退化现象，但经常发现并不意味着规律性，甚至总是这样。真实的情况倒是，性变态与生理阴阳人总体上是相互独立的。

人们也很注重所谓的第二性征和第三性征，并重视它们经常发生在性倒错者身上的这一现象（霭理士，1915），无疑其大部分是对的。但我们绝不能忘记，通常某一性别的第二和第三性征经常出现在异性身上。它们虽然是阴阳人的标志，然而，却不需要像性倒错者那样改变性对象。

如果伴随性对象的倒错，至少主体的心理品质、本能及性格特征也与之相应地变为异性的特征，那么心理阴阳人才会被证实。但是只有在女性性倒错者身上，性格的倒错才具有规律性。而在男性中，最完全的心理性男性也会与倒错相连。如果相信心理性阴阳人确实存在，那么有必要补充一句，即它在各个方面的表现似乎并不是相互决定的，这同样适于生理性阴阳人：根据哈班（Halban，1903）的观点，个体生殖器官的缺陷与第二特征的出现在很大程度上是毫不相干的。

一位男性性倒错者用最粗俗的形式表达了双性理论："男人身体中的女人脑袋。"然而，我们仍不知女人的脑袋有什么特征，既无必要，也无理由用解剖学的术语替代心理学问题。尽管埃宾（Krafft-Ebing）的解释比乌尔里克（Ulrich）的解释更为确切，但本质上并无区别。埃宾认为（1895，第5页），个体的双性特征既影响到男女两性的脑中枢，也影响到男女两性的性器官。这些中枢直到青春期才获得发展，其大部分受到性腺的影响，性腺起初是独立存在的。然而，关于男性大脑和女性大脑的说法是否同样适用于男性"中枢"和女性"中枢"，我们尚无证据表明大脑具有像言语中枢一样具有性的功能分区。

无论如何，这一讨论引出了两个问题。首先，性倒错者具有双性特征，尽管我们尚不知道在解剖学结构之外这种双性特征是如何构成的；其次，我们所讨论的是性本能在发展过程中的障碍问题。

（七）性倒错者的性对象

心理阴阳人的理论认为，性倒错者的性对象正好与常人相反。男性性倒错者，会像女人一样臣服于男性的体态与心理魅力：他觉得自己是个女人，正寻求所钟爱的男人。

然而，尽管这种理论适于许多性倒错者，但它并未充分揭示出性倒错者的普遍特征。毫无疑问，大部分男性性倒错者从心理上保持着男子汉气质，只有少许的异性的第二特征，他们所寻求的性对象也是具有女性心理特征的人。如果事情不是这样，那么，我们又如何对下列事实做出解释呢？从古到今，男妓们（male prostitutes）学着女人的样子，粉黛登场，拜倒在男性性倒错者的威严之下。这种对女性的模仿无疑与性倒错者的理想是大相径庭的。显而易见，古希腊时期，最富男性气质的人多是性倒错者，他们之所以爱上男孩，不是因为他的男性特征，而是他所具有的女性体态及女性神韵：腼腆、贤淑、求知与渴助。男孩一旦长大，便不再成为男性性倒错的性爱对象，他们自己或许又会去爱别的男孩。这种情形与其他许多情况一样，性爱对象不是同性，而是具有双性特征的人。这实际上是追求男人和追求女人冲动的一种协调，只不过所追求对象的身体（生殖器）必须是男性的。因此，性对象便成了主体自身双性本质的一种反映。

女性性倒错者的情形比较明确清晰，主动者往往具有男性特征——男性的体魄与心态，不断追求具有女性风韵的性对象。即使如此，若对事实加以深究，仍会发现许多明显的差异。

（八）性倒错者的性目的

需要记住的事实是，性倒错者的性目的并不是单一的。在男性中，肛交（intercourse per anum）并非总相伴于倒错者，手淫恐怕是更常见的目的。甚至性目的的限制——即对情绪表现的限制，在同性中比在异性爱中更为普遍。同样，在女性中，倒错者的性目的也纷繁多样，但她们似乎对口腔黏膜的接触更为偏爱。

虽然根据目前手头的资料要对性倒错的起源问题做出满意的解释尚欠火候，然而，我们的研究已提供了一些新知，这相对于问题的解决更为重要。我们已注意到，过去我们一向将性本能与性对象的关系看得比事实上更为密切。有关异常病例的研究表明，性本能与性对象只是松散地结合在一起，我们过去有一种过分看重两者紧密性的危险，好像性对象是性本能的一部分。现在我们不得不在思想上松散两者之间的关系。性本能似乎起初是独立于对象的，它的起源也非对象的吸引使然。

◎ **以性发育未成熟者和动物为性对象（恋童癖和恋动物癖）**

性倒错者在对象的性选择方面不正常，而在其他方面并无异于正常人。但是，以未成熟者（小孩）为性对象的情况则是一种失常倒错。诚然仅以孩子为性对象的现象并不多见，这类情况之所以发生，乃是因为与小孩交媾者怯若懦夫，或者将孩子作为性替代，或强烈的本能（无法延迟）因找不到适当的对象而难以驾驭。由此可见，性本能竟可以有如此花样繁多的对象，并达到如此低廉的地步。相比之下，饥饿本能由于对其对象更为专注，只有在极端的情况下，才会有此事。由此我们可以更清楚地了解到性本能的实质。另外人和动物的性交亦可以对此进行说明。这种情况并不少见，尤其在农夫中，可见，性吸引似乎超越了物种的界限。

基于美学的考虑，我们或许很乐意将这些及性本能的其他严重倒错视为精神错乱者所为，可惜并非如此。经验表明，精神错乱者的性本能障碍，并无异于健康人及所属的种族或职业。例如，我们经常能听到儿童在性方面被教师和佣人凌辱的丑闻，其原因就是这些人有更多的机会跟儿童接触。精神错乱者只不过把这类倒错行为表现得更为强烈，或者这种倒错完全取代了正常的性满足，变成了独一无二的方式。

这种性的多样性及健康人与精神错乱者之间的明显关系，为我们的思考提供了足够的材料。我趋向于认为，可用这样的事实予以解释：性生活的冲动，甚至对于正常人而言，也难以用高级的心理活动加以控制。我的经验表明，不管从社会的或伦理的角度看，凡心理上不正常的人，其性生活也必定不正常。然而，许多性生活不正常的人却在其他方面与常人无二，在文明发展的过程中同样应付自如，只是性问题成了他们的怪癖。

通过以上的讨论，我们似乎可以得出这样的一般性结论：在许多条件下和在众多的人当中，性对象的本质及意义已不再重要了。在性本能中，起基本和主要作用的一定是其他一些因素。

性目的的变化

所谓正常的性目的，通常指性器的结合，它可以消除性紧张，去掉性本能，其满足类似于对饥饿的满足，但即使在最正常的性过程中，我们也可以发现一些附属动作，若任其发展便会导致我们称之为"倒错"（inverts）的变化。个体与性对象之间常有一些中间行为，如抚摸、观看，它们旨在为性交铺路，是性目的的前奏，它们一方面是令人愉快的，另一方面又增强了兴奋性，直到性目的实现为止。此外接吻，即两个人口唇的接触，被许多民族视为具有重要的性价值（包括最高度文明的民族），尽管口腔并不是性器的一部分，而只是消化道的入口。这些因素构成了反常与正常性生活的分水岭，同时也成了分类的基准。所谓反常，其性活动通常是：（1）性交使用的器官超越了解剖学确认的性交部位范围；（2）在实现最终性目的之前，延长了与性对象过渡性的肉体接触。

◎ 解剖学的变化

（一）对性对象的高估

作为性本能的目的，对性对象的心理评价几乎很少仅限于性器官上，而往往扩展至性对象的全身及由此产生的所有感觉。这种高估同样存在于心理领域：情人眼里出西施（判断力减弱），以为性对象心智卓越，完美无缺，对性对象听之任之。因此，对爱的盲从，即使不是屈从权威的最基本原因，也是权威形成的重要来源。

这种性的高估很难局限于作为性目的的性器的结合，它使得身体其他部位的活动也变成了性目的。

关于性高估因素的重要性，最好通过对男人的研究获得，因为可对其性生活进行直接探究。女人就不同了,一方面,由于文明的压制,另一方面,由于隐秘和虚伪,仍然令人难识庐山真面目。

(二)口腔黏膜的性使用

两个人嘴唇黏膜互相接触并不算是反常。如果一个人的口腔与另一个人的性器接触,充当了性器的角色,便被视为变态,而相互接吻便属正常了,这是正常行为与性反常的分界点。视别人的行为为性反常者(毫无疑问,自古以来,这种口腔对性器的现象就很普遍),会有一种厌恶感,无法使自己接受这种性方式。其实,这种厌恶的限度纯粹是习俗的,一个男人可以尽情吻一个美女的樱唇,但要想到用她的牙刷时不免厌恶,这并不意味着他的口腔就比这位美女的干净。这样,我们的注意力便聚集到了厌恶因素上,厌恶可以干扰力比多对性对象的高估,也可为力比多所战胜。厌恶感似乎是限制性目的的力量之一,这种力量并非总扩展至性器之上。然而,毫无疑问,异性的性器也能成为令人厌恶的对象,这是所有癔症患者,尤其是女性癔症患者的表现特征之一。性本能的力量乐于战胜这一厌恶感(详情见后)。

(三)肛门的性使用

就肛门而言,它显然是令人厌恶的,因而以肛门作为性目的者,被视为一种性反常行为。然而,当我陈述下列观点时,我不希望被人指责为偏见重重,即厌恶肛门的人仅仅因为它具有排泄功能,并总与排泄物相联系(这本身就令人作呕)。其实,这比一个癔症女孩因男性的阴茎有排便功能而厌恶它又高明多少呢?

肛门黏膜的性作用并不仅限于男人的性交之中；对它的偏爱并非就是性反常的情感特征。恰恰相反，与男人肛交其实很像与一个女人性交。在性反常者之间，性交时更多的还是相互手淫。

（四）身体其他部位的作用

就性兴趣扩展至身体的其他部位而言，无论如何变异，都未为我们提供关于性本能的任何新知，充其量不过是说明性本能力图利用各种方式占有性对象。然而，除了性的高估之外，这种解剖学的扩展向我们展示了不为众人所知的另一种因素。身体的特定部位，如口腔和肛门黏膜，由于长期用于性功能，似乎已被当做性器官。此后我们会发现，性本能的发展史将证实这一点，并对特定的病理现状做出症状学的解释。

（五）性对象的不适当替代——恋物癖（fetishism）

有一些情形很特别，即性对象被其他的东西所替代，虽然它与性对象有关，但全然不适于性目的。从分类的角度上看，我们完全应将性本能的这种有趣变化放在性对象的变异范围内予以讨论。不过，在我们尚不熟悉性的高估之前，最好暂不提它，因为这些现象是在放弃性目的的基础上建立于性的高估之上的。

性对象的替代物通常为与性目的无关的身体部位（脚或头发），还有某些与异性明显有关，甚至是直接能与性行为发生联系的没有生命的物体（如衣服或内衣）。这些替代品很像原始人的崇拜物，原始人相信神灵就在这些崇拜物之中。

不管性的目的正常还是错乱，恋物癖对其都将完全放弃。因而在向恋物癖转化过程中，要使性目的得以实现，性对象必须具有某些恋物的条件。如有特定的头发颜色，特定样式的服装或身体缺陷。就性本能的变异而言，再也没有这种现象的奇特性更能从病理学上引发我们的兴趣了。一定程度的追求正常性目的能力的减弱（性器在行房时变弱）似乎是导致这一情形的必要条件。正常人也会有此情形，即：对性对象心理上的高估，认为与性对象有关的一切都是最好的。因此在正常的爱恋中，肯定存在着一定程度的恋物癖，尤其在正常的性目的似乎还没实现或其实现受到妨碍时。

给我，她的胸巾，
她芳腿上的丝袜！

只有当对崇拜物的追求超越了对性对象的固着并替代了正常目的，或者崇拜物与某人产生了分离并变成了性对象时，病态现象才会出现。这是性本能的各种变异成为病态现象的一般条件。

比纳（Binet，1888）最先指出（已有许多事实证明其正确性），对崇拜物的选择受制于幼儿期的性印象（这与谚语关于初恋的描述颇为相似：初恋难忘 On revient toujours a ses premiers amours）。这种变异尤其在崇拜的条件与性对象无法分离的时候更为明显。此后我们还会对幼儿期性印象的重要性进行讨论。

在其他情形下，崇拜物之替代性对象，是由思想的象征性联想造成的,所联想的人往往是意识不到的,要确切地追踪这一联想过程的痕迹并非总能成功(比如,脚是一种非常古老的性象征,它甚至出现在神话之中;皮毛之所以被作为崇拜物,恐怕与阴毛的联想有关)。这些象征本身也不会与童年的性经验毫无联系。

◎ **性目的的预固着**

(一)新性目的的出现

阻碍或延迟正常性目的达成的任何内在或外在因素,都会增强对预备活动的滞留,并将它们变成新的性目的,以替代正常的性目的。细致的观察总是表明,即使最怪异的新的性目的也早已隐藏于正常的性过程之中了。

(二)抚摩与观看

在达到正常的性目的之前,一定程度的抚摩是不可或缺的(在人类的所有触摸之中)。众所周知,抚摩性对象的皮肤是快乐之源,可以使人产生极度的兴奋之感。因此,只要性行为可以继续下去,抚摩时间的延迟并不能算做变态。

观看也是如此。它是衍生自抚摩的一种行为,视觉印象是挑逗力比多兴奋的最常见方式。的确,如果接受目的论的观点的话,自然选择(natural selection)必然接受这种方式:性对象越美越好。文明渐渐使躯体被遮掩起来,然而性的好奇却从未停歇,这种好奇只有通过窥视性对象的隐蔽部分才能满足。当然,如果这种好奇能从性器转向身体全部,那就会变成艺术的(升华为艺术的)。对于大部分正常人而言,多少都会滞留于这种居间的性目的——观看之上。的确,它可以使部分力比多指向更高的艺术目的;另一方面,观看的快乐(窥视症)则应划归性反常范围的:(1)只观看性器;(2)完全战胜了厌恶感(如喜欢看别人大小便的人);(3)不仅不为正常的性目的做准备,反而将它排除。后一种是最典型的露阴癖,根据对一些例子的分析表明,裸露自己的性器的目的在于能够看到别人的性器。

在这种想看别人和被别人看的性反常行为之中,我们遇到了极其明显的特征,下面我们将把它放在变异之中予以更深刻的讨论。这种性目的表现为两种形态:主动型和被动型。

阻止窥阴癖并将它战胜的力量是羞耻心(如同前面探讨的厌恶感一样)。

(三)施虐狂和受虐狂

埃宾将性变态中最普遍和最重要的两种命名为"施虐狂"(sadism)和"受虐狂"(masochism)——使性对象遭受痛苦或使自己遭受痛苦,前者是主动的,后者是被动的。其他的学者(Schrenck-Notzing, 1899)则偏爱更狭义的术语"虐淫"(algolagnia),它更强调痛苦(残酷)中的快乐,而埃宾的术语包容了任何羞辱与臣服形式的快乐。

主动性虐淫,亦即施虐狂,其根基很容易在正常人身上发现。大部分男人的性活动中包含攻击性(aggresiveness)——征服欲,其生物学意义似乎在于,在向女人求爱时,这是战胜性对象抵抗的需要。因此,可以说,施虐狂是性本能中被独立和强化了的攻击成分，经过移置作用（displacement），而变成了主导性的。

在日常用语中，施虐狂的含义变化不定，既可以指对性对象的主动或进犯态度，又可以指使性对象蒙受羞辱和虐待的满足。严格说来只有后一种，极端情况才可归为性反常行为。

同样，受虐狂包括对性生活和性对象的任何被动态度，极端的情形则表现为，通过性对象使自己遭受到身体或心理的痛苦而获得满足。相对于施虐狂，受虐狂是更远离正常性目的的性反常行为，究竟它一开始就有，还是经由施虐狂转变而来，是颇值得怀疑的。经常发现的事实是，受虐狂不过是施虐狂对自我的转向，用自我替代了性对象。对极端的受虐狂的临床分析表明，有许多因素（如阉割情结及罪恶感）相互作用才使原始的被动性态度得以强化和固着。

这里所要战胜的痛苦，如同厌恶感和羞耻感一样，都是反抗和阻止力比多的力量。

施虐狂与受虐狂在性反常行为中具有特殊的地位，因为主动性与被动性是性生活的普遍特征。

人类文明史毋庸置疑地揭示，残酷与性本能之间关系甚密。然而，除了对力比多的进攻成了强调之外，几乎没有对这种关系做出任何解释。根据一些权威的意见，性本能中的攻击成分，实际上是同类相食欲望（cannibalistic）的残迹。也就是说，源于征服能力的这种欲望，既涉及到别人的满足问题，也有利于更原始的本能需要的个体发展；还有人认为，每一种痛苦本身都包含着快感体验。所需强调的是，尚没有一种关于性反常行为的解释令人满意，似乎有许多的心理冲动相互作用构成了这种单一的力量（resultant）。

不过，这种性反常行为最突出的特征是，主动性与被动性竟常常出现在同一个人身上。在性关系中令对方痛苦而取乐者，同样也会在遭受到的痛苦之中享受快乐；施虐狂往往也同时是受虐狂，只不过主动的一面或被动的一面得到了更好的发展，并成为他主导的性活动。

因此，我们发现，在性变态者的冲动中，对立的双方经常同时出现，结合此后将要探讨的问题，这具有很重要的理论意义。此外，一个引起联想的事实是，施虐狂与受虐狂的并行存在不能仅仅归结为进攻因素，我们宁肯将这种并行现象看做两性人（bisexuality）中的男性特征与女性特征的对立，精神分析常用主动性与被动性替代这种对立。

性变态的共同特征

（一）变异与疾病

在特殊情形下，研究了极端性变态的医生，很自然地趋于像对待性倒错（sexual inverts）或反常那样，将他们视为功能下降或疾病。然而与后者相比，我们更容易否定对性变态的这种看法。日常经验表明，大部分变异，无论轻重如何，总是出现在健康人的性生活中,并被认为无异于其他的亲密动作。若条件允许,正常人亦可长时间地用这种性变态行为替代正常的性目的,或使两者并驾齐驱。没有一个健康人会在正常的性目的之外,不存在可称之为反常的附属目的。这一发现的普遍性足以表明,使用令人指责的"变态"一词是多么的不恰当。在性生活领域,要对变异做出生理和病理的明确划分是极为困难的。

不过,对有些性变态而言,其性目的的新异性确实需要做出特殊研究。有些内容偏离正常如此之远,我们不能不称之为"病态"(pathological)。这种情况尤其在性本能战胜了羞怯、厌恶、恐惧或痛苦的抵抗之后更为昭然(如舔大便或奸污尸体)。但是,即使在这种情况下,我们也未必称这种人为精神错乱或变态。同样不可忽视的事实是,许多其他行为均正常的人,由于本能的放荡不羁占了优势,其性生活却是病态的;此外,生活的其他方面不正常的人肯定也有不正常的性行为。

在大多数情况下,性变态的病理特征并不是表现在新的性目的方面,而在它与正常性目的的关系。若一个变态者的性目的不是附着于正常的性目的和性对象,条件仅有利于变态性目的而不利于正常性目的,即完全替代了正常性目的,具有了排他性(exclusiveness)和固着性(fixation),那么,我们才可以将这种病态视为病理症状。

(二)性变态的心理因素

或许在最可憎的性变态之中,心理因素对性本能的转移起了最大的作用,不能否认性变态的表现是一种心理活动过程,尽管结果令人惊诧,但这种心理活动却可媲美于本能的理想化。或许再没有什么能比这种变异更能证明爱的全能性。就性活动而言,最高的最低的总是关系缜密:"穿过人间,从天堂到地狱。"

(三)两个结论

通过对性变态的研究,我们发现,性本能必须与作为抵抗的某些心理力量做斗争,其中最主要的抵抗是羞怯和厌恶。可以设想,这些力量本来是限制本能的,使其不能正常发展,如果在性本能达到最强烈之前它们就获得了发展,那么,它们肯定会决定性的发展的。

另一方面,通过研究,我们还发现,只有把他们视作多种动机相互结合的产物才是明智的。若对他们进行分析,即解析他们,那他们一定具有复合的性质。这提示我们,或许性本能本身就不是单一的,而是多种因素相互有机组合的,性变态者则是这些因素相互分离的结果。如果是这样的话,那么对这些异常的临床观察会使我们注意到,和谐正常的性行为原是一种隐蔽的多种行动融合性的结果。

神经症者的性本能

(一)精神分析

要认识与正常人不同的一些人的性本能,只有一个重要来源，并只有通过一个特殊渠道方可达成。也就是说要做到对精神神经症者【癔症、强迫症，命名不当的神经衰弱及早发性痴呆（dementiapraecox）和偏执狂】的性活动准确认识，只有一个渠道，即由布洛伊尔和我于1893年提出的精神分析研究，当时被称为"精神宣泄法"，并被用于临床治疗中。

首先我必须说明（正像我曾经在其他作品中所做的一样），我的所有经验表明，这些精神神经症均源于性本能力量。我这样讲并不意味着性本能力量构成了病理特征（症状），而是想说明，性本能力量是神经症的最重要的唯一持续性的能源，于是这些人的性生活（无论全然，主要的或部分的）便在症状中表现出来。正如我在别处所言（1905，手稿），这些症状便是病人的性活动。在过去的25年中，精神分析关于癔症及其他神经症的不断增多的研究便证明了这一设想，其中部分详情已经发表（并将继续发表）。

精神分析要消除癔症患者的症状，必须以下列假设为基础，即这些症状是替代物（如同文章的副本），与一系列心理过程、期望、欲望保持着情绪性联系，由于特殊心理过程的介入（压抑），它们无法在意识的水平上予以心理上的宣泄。于是，这些心理过程便在潜意识状态中依据其情绪的重要性寻求表达——宣泄。在癔症中便以身体症状予以表达（通过转换），形成癔症症状。若将这些症状系统地变成情绪性观念（借助特殊技巧），即意识性观念，那么，就可以准确无误地认识原先潜意识心理结构的本质与根源。

（二）精神分析的发现

由此可知，癔症症状是源于性本能力量的冲动的替代。我们对患病前这些人本质的了解（可将他们视为典型的精神神经症）及患病时机的把握，都完全符合这种观点。癔症患者的性格表现出了超乎寻常的性压抑，强烈地抵抗性本能（这种情况已在羞怯、厌恶及道德中表现过），本能地反抗对性问题的理智思考。其结果是，在一些极端的病人之中，直到性成熟时还对性问题一无所知。

乍看起来，这一特征虽为癔症的明显特征，但却常为它的另一结构特征所掩盖，那就是性本能的过分发展。然而，精神分析通过将两者的对立揭示出来——被夸大的性渴求和对性欲的过分逃避，并以此澄清令人费解的二者之间的矛盾。

对于注定要患癔症的人而言，完全可以预测到其患病时机：要么是在渐趋成熟的过程中，要么在外在因素的影响下，不得不面对真正的性情景。在本能的压力及反抗性的矛盾之中，疾病成了逃脱之径。其实，冲突并未解决，只不过通过将力比多冲动转化为症状而逃离冲突，例外的情况极少出现；比如一个男人，由于琐碎的情绪问题而患了癔症，这种冲突并非围绕着性兴趣。在这种情况下，精神分析总能显示疾病正是由冲突的性因素造成，它使得心理过程偏离了常态。

(三) 神经症与性变态

毋庸置疑,反对我这种观点的大部分人认为,我在精神神经症的症状中分析出的性行为是正常性本能的结果,然而,精神分析的研究却并不限于此。它表明,这些症状绝不是以牺牲"正常"的性本能为代价的——至少不是以它为唯一或主要代价的。如果它们可以在意识的幻想中及行为中得以直接表现,那么,还可以性变态的形式表现出来(广义上)。因此,这些症状的形成部分是以非正常性活动为代价的;可以说,神经症是性变态的负面表现。

精神神经症的性本能展示了我们所研究过的所有变异,包括正常与偏离正常性生活的变异。

1. 所有神经症的潜意识心理活动(无一例外)均显示出变态的冲动,将力比多固着于同性之上。当然,若没有深入的研究,要证明这种因素在决定症状时的重要性是不可能的。我所坚持的不过是,他们总有性变态的潜意识趋向,这对于解释男性癔症尤为适切。

2. 在精神神经症的潜意识趋向中,可以追溯到性行为的所有解剖学变异。这表明,正是这些趋向导致了症状的形成,在他们当中,最常发现的便是口腔与肛门黏膜代替性器之用。

3. 在精神神经症的症状形成中,某些"组元本能"(componentinstinct)起了特别突出的作用,它们往往成对出现,并不断引出新的性目的，如窥视本能与露阴癖、主动与被动的残暴本能。后者是理解症状的"痛苦性"（suffering）的基本的条件，它几乎总是部分地主宰了病人的社会行为。同时，正是通过力比多与残暴本能的结合，爱才转化为恨，柔情才转化为敌视，这构成了许多神经症的特征，偏执狂者更为普遍。

某些特殊事实更增强了这些发现的有趣性。

1. 如果我们在潜意识中发现一种能与其对立面匹对而存在的本能，其对立的本能必然也在活动。这就是说，每一个主动型性反常表现都有一种被动表现相对而伴：潜意识中的露阴癖同时也是偷窥狂；受施虐冲动压抑的人，在决定其症状的因素中必然也存在受虐倾向的根源。我们在此阐述的和我们在"主动型"性变态中所发现的完全一致，这的确引人注目。但在实际的症状中，对立的倾向中只有一方占据主导地位。

2. 在任何明显的精神神经症中，很少发现单一的性反常本能，而总是多个并存，且可规律地发现它们的踪迹。然而，每一种特殊本能的发展程度却是独立的。关于"主动型"性变态的研究，再一次为我们提供了它的确切对立面知识。

组元本能与快感区

若我们将对主动与被动性变态的研究所得放在一起审视，就似乎有理由把它们视为若干个"组元本能"，它们不具有本能的最基本性质,还需要做进一步分析。所谓"本能",仅指躯体刺激的心理表征,以区别于来自外部的单一兴奋。因此,本能是介乎心理与生理之间的边缘概念之一。关于本能本质的最简单和可能的假设是,本能本身并无什么实质可言,说到心理生活,只可将它视为衡量心理活动的尺度。只有通过与身体的关系及其目的,方可将本能区别开来并赋予其实质。本能源于器官的兴奋过程,其根本目的在于消除器官刺激。

关于本能的理论还可以做出更进一步的假设,这就是身体器官的两种兴奋建立于不同的化学性质之上,其中一种兴奋可描述为性的,所关联的器官谓之"快感区","组元本能"即源于此。

快感区的作用极易在赋予口腔与肛门重要性的性变态中发现,这些器官从各个方面看均酷似性器的一部分。在癔症中,身体的这些部分与黏膜的邻近部位变成了新的感受区,神经分布亦有所改变,其过程类似于勃起(erection),好像实际的性器在正常性过程中的兴奋一样。

在所有的精神神经症中,作为性器附属物及替代的快感区的重要性,在癔症中表现最为显著。但这并不意味着在其他疾病中就并不重要,而且因为它们较难辨认,比如在强迫症及偏执狂中,形成症状的心理器官远离控制躯体的特定部位,强迫症中这些冲动的突出意义在于,它所产生的新的性目的似与快感区无关。此外,在偷窥狂和露阴癖中,眼睛便是快感区,而在性本能中渗入痛苦与残暴的情形下，皮肤则充当了快感区的角色——皮肤的特定部分变成了分化的感受器或变成了黏膜，成为独特的快感区。

精神神经症中性变态盛行的原因

上述讨论或许会对精神神经症的性活动产生错误理解，它给人的印象似乎是，精神神经症者注定要在性行为上变态并远离常人。的确，这些病人若从"变态"一词的广义上讲，存在着身体上的非寻常变态趋势（排除强化的性压抑程度与过盛的性本能）。然而，对于一些轻度病人的研究表明，这后一个结论未必可行，至少在判断其病态形成的过程时尚有其他的因素不容忽视。大部分精神神经症者，或是在青春期后正常性生活的压力之下患病的（压抑主要用于反抗正常的性生活），或是在力比多无法获得正常满足时致病的。在这两种情况下，力比多像主干道受阻的河流，能量向久已干涸的支流流去。同样，精神神经症者强烈的变态倾向（虽然是消极的）也是由支流所决定的，其功能便被强化。事实上，一个人之所以会脱离常态，除了自由受限、正常的性对象无法得到及正常性行为发生危险等外在因素必须考虑外，作为性压抑的内在因素亦不应忽略。

由此可见，不同的神经症者，行为必然迥异：有些人具有先天强烈的性变态倾向；有些人则是在力比多被迫离开正常的性目的和性对象之后不得不更多地转向旁门左道的必然结果。将事实上相互联合的两种力量视为对立是不正确的。只有在身体与经验同向而行时，神经症才能有极强烈的表现。身体异常者，或许不必借助经验之力；而身体正常者，亦可能因为生活的强烈打击而变成神经症（巧合的是，这种先天与后天病因学的重要性观点也适用于其他情况）。

然而，如果我们坚持认为，性变态强烈发展的倾向是精神神经症体质的特征之一，那么，我们就能依据"快感区"或"组元本能"先天数量的多寡区分出许多体质。然而，在性变态体质与疾病的特定形式之间是否存在着一种特殊关系，如同该领域的其他问题一样尚缺乏探讨。

幼儿性欲特征的提示

一旦证明了反常冲动在精神神经症症状形成中的作用，那么，可以称之为变态者的人数必然剧增。这不仅因为神经症者就数量而言极多，而且可以说，就神经症者的表现而言，他们与正常人本来就有着无法分开的联系。无论如何，莫比斯（Moebius）确凿地认为，所有的人在某种程度上均是癔症患者。因此，其普遍存在促使我们设想，趋于性变态的体质并非少见，而是正常体质中的一部分。

究竟性变态决定于先天因素，还是如比纳（Binet）在分析恋物癖时一样，将其归结为偶然的经验，仍然是有争议的问题。我们的结论是，性变态的确存在着潜伏的先天因素，但每个人都有先天因素，只不过强度不同，在生活的影响下会有所增强。问题的关键是性本能的先天体质根源。在有些人中（性变态），这些根源可能变成了性活动的实际渠道，另一些人则对它进行了并不充分的压抑，并以症状的形式迂回地吸引了相当部分的性能量；在这两种极端之间，存在着最有利的类型，他们通过有效的节制或其他的变化过上了正常的性生活。

  当然，我们还须指出，这种包含所有性变态基因的先天体质，只能在孩子身上发现，尽管所有的本能表现尚不强烈。一个渐趋成型的设想是，神经症的性活动停在或返回到了婴儿形态。这样，我们的兴趣就转向了儿童的性生活，我们将追溯一下使婴儿的性活动变成了变态、神经症或正常的影响因素到底有哪些。

第二章 幼儿性欲

在一般人的心目中，幼儿是没有什么性行为的。性行为是在人的生活史上某一段被称为青春期的日子里突然冒出来的。这种普遍性的误解主要源于我们目前对性生活基本原则的无知，其后果是严重的。但是，只要对幼儿期的性征兆从不同角度作多方面的探讨，我们或许能对这花样繁多的性行动理出一个头绪，最终认识它的来源、构成和发展。

然而令人奇怪的是，那些一向致力于解释成人性格与反应的学者们，总是致力于从人类祖先中发现解释的源泉。他们不了解个人发展史的重要性，总以为遗传比童年更具有影响力。

事实又怎样呢？我们知道，童年的影响力要比遗传力量容易理解得多，而且更值得去用力追寻。（事实上，如果不了解童年的影响力，对遗传因素的了解也就无从谈起。）在有些医学杂志上，我们偶尔会读到有关幼儿性早熟的例子，如阳具勃起、手淫以及其他一些与性活动相近的动作。但这些都只被人们当作意外的事件、怪事或人之劣根性的提早发作，至今还没有一个学者悟出幼儿期性行动的正常性。在大量有关幼儿成长过程的著作里,有关"性的发展"的章节常被略过,或干脆就不提。

忽视这一阶段的原因大约有以下两点:一是学者们受传统思维方式的限制和影响,不敢越出雷池半步;二是因为这种精神现象的意义迄今还模糊不清,这是一种全盘遗忘所致。对于多数人来说(并不是全部),对其童年期的最初几年(通常是六年到八年)的记忆几乎消失殆尽。这虽然是一个令人大惑不解的事情,但古往今来竟没有人对此表示怀疑。谁都知道,除了那些少数不可理解的记忆显示空白的年代之外,幼儿均能获取印象,而且能像成人一样表达痛苦、快乐及其他发自内心的情感。的确,成人们也时常在小孩言谈之中发现某种理解力和发展着的判断力。然而幼儿一旦长大,对这一切竟然会一无所忆。为什么比起其他精神活动来,我们的记忆如此落后?难道我们不应该相信,在生命的开端年代里,人类获取印象、保存记忆的能力原是最旺盛的吗?

然而,在观察了许多人的心理之后,我不得不承认,这些我们原以为忘却的印象,在精神生活里却有着很深的印痕,而且会成为未来发展的基本因素之一。由此我们可以理解,所谓的遗忘,并不是指幼儿期印象的真正忘却,而是一种与成年心理症患者遗忘症十分近似的遗忘,它们都是因潜意识抑制(subconscious inhibitions)作用而远离了意识的结果。然而，究竟是什么力量造成这种幼年期印象的潜抑？如果能够解开这个谜，便可进一步解释歇斯底里式的遗忘症了。

因此，我们完全可以肯定，这种幼儿期遗忘现象的存在，能使我们从另一个角度来比较儿童与心理症患者的精神状态。在前一篇里我们已认识了这样一个事实：心理症患者的性生活有的一直保存着一种幼儿状态，有的则经过一段时间的发展之后，又退化至幼儿状态。以此推断，对幼儿期的全盘遗忘，是否也同幼儿期的性行动有关？

对幼儿期的全盘遗忘与歇斯底里式遗忘症之间联系的探索，并不是一种文字游戏。对歇斯底里式遗忘症的潜抑作用，我们可以作以下解释：患者内心早已存在着一段远离意识的往事，它们经由联想的关系，与当前意识领域中的某一行为相符，从而看上去似乎进入遗忘的境界，（除非注意到这两个同时出现的历程，否则就不容易明了潜抑作用的机制。这种情形犹如游客攀爬金字塔，必须一边推一边拉才能上去。）既然如此，我们完全可以这么说，没有幼儿期的遗忘现象，就没有所谓的歇斯底里式的遗忘症。

我坚信，使人视自己的童年期恍如隔世，从而对自己童年期性生活的萌芽一无所忆的，就是这种童年期的遗忘现象。正是因为这个缘故，人们才不能理解幼儿期在性欲发展中所占的地位。我个人在单独致力于弥补这一知识的空缺时，常常感到力不从心。早在1896年，我就已经强调指出，童年在某些与性生活有关的现象里有着重要的意义。从那时起，我便致力于揭示幼年期性生活的重要性，而且从未停顿过这一探索。

幼儿的性潜伏期及其中断

根据童年期常见的性的异常表现，以及心理症患者潜意识中对幼儿期的朦胧回忆，我们便可以描绘出一幅童年期性行为的情景。（心理症患者童年的发展基本上与正常人没有什么差别，所不同的只是现象上的强度与明显性。）

毫无疑问，幼儿性行动的胚基是与生俱来的，它持续发展了一段时间，然后又遭受较长一段时间的压抑，直至性发展达到旺盛的程度或个人体质极为强壮突出时，性的压抑才被突破。这种迂回曲折的发展过程的规律和周期究竟是怎样的，我们尚未得知。但通常情况下，儿童长到三四岁时，其性生活便已经很容易观察到了。

（一）性抑制

在这段完全的或部分的潜伏期内，精神力量的发展开始抑制性生活，它就像一道河堤，引导性本能走向狭窄的河床。这些精神力量包括了厌恶感、羞耻心以及道德的和审美上的理想化要求。我们或许认为，在文明世界中，为儿童设置的这些堤防，主要是教育的功劳。教育自然是有一定的贡献的，但实际上这也是机体自身发展注定要经历的途程。在某些情况下，即使未受任何教育，这一过程还是要发生的；而且教育必须服从机体本身的潜力，才能达到特定的功效——使抑制更加深沉，更加干净利落。

（二）反向作用与升华作用

个人在以后的素养以及对其常态的维持，是一个意义深远和规模巨大无比的工程。这一工程究竟是怎样完成的？它们有可能是受益于在潜伏期中一直持续和从未中断的幼儿期性欲——当然，它的能量已或多或少，甚至全部偏离了性的用途，而指向其他目的。研究人类文明发展的历史学家们一致认为，这种舍性目的而就新目的的性动机及其动力，即为升华作用。这种作用曾是文化成就的无穷源泉。我们在这里应加以补充的是，自性潜伏期开始之后，这同一种历程也深深地影响了每个个体的发展。

关于升华作用的机制，我们还可以尝试用另一种观点来加以解释。由于生殖能力的后延，幼年的性冲动不可能有用——这是形成性潜伏期的主要原因。此外，幼儿期的性活动一般是令人失望的，而且这些来自快感区的行动，也只能给人带来极不愉快的感觉。久而久之，它们便逐渐激起一股相反的作用力（或反动情感），正是靠着这种不愉快感的帮助、精神上的堤防，如厌恶感、羞耻心及道德感等才得以建立起来。

（三）潜伏期的中止

让我们暂时离开这模糊不清的潜伏期以及幼年发展的过程，不再沉入这些模棱两可的假设，而回过头来讨论些实际的东西。这就是：幼儿期性欲的此种结局乃是在理想抚育之下获得的效果。然而人与人又不同，有时候一部分性症状会从升华之中再度返回，明显地表现出来；有时性活动在这潜伏期内依然会若隐若现，直至青春期性行动急剧增加时才爆发出来。教育家们在讨论到幼儿期性欲时，表面上似乎同意我们的看法，实际上仍然相信道德的防御力量须以牺牲性欲为代价，相信性的活动会使一个儿童不可教诲。只因为它们不可能有什么成就，教育家们才把儿童期一切性的表现都说成是"坏"的。我们的看法则与此相反，我们愿意花费力气去澄清他们所恐惧的东西。因为我们相信，从这里是可以真正发现性本能的真相的。

幼儿期的性欲表现

（一）拇指吸吮现象

我们将以幼儿吸吮手指作为幼儿性活动的一种表现形式。我们这样说的理由将在以后加以讨论。有关这种习惯，匈牙利小儿科医师林达奈（Lindner）曾发表过一篇相当精彩的论文。

吸吮手指的习惯多半发生在哺乳期中的小儿，但有时也可以持续到成熟期，甚至终生都保持着。这是一种嘴唇吸吮动作的规律性重复，以吸取营养为目的。但有时吸吮的不是手指，而是嘴唇的某一部分、舌头等容易达到的部位，还有大脚趾等不容易达到的部分。与此同时，一种想抓取东西的欲望也发展起来，表现为规律性地拉动自己的耳垂或拉扯别人身上的某一部分（通常是耳朵），其目的同前面的吸吮动作相同。吸吮的乐趣可以达到使人浑然忘我的地步，有时使人渐渐进入睡眠状态，有时又引发出一阵类似性高潮到达时的反应。这种吸吮之乐常常伴随着身体的其他敏感部位（如胸部和外生殖器）的接触摩擦，许多小儿常从吸吮指头过渡到手淫。

林达奈本人对这种活动的性意味十分清楚，而且公然挑明了这种意味。在育婴室里小孩子因吸吮指头所受的惩罚，同别种"性"的顽皮行为一样严重。然而有很多小儿科和神经科医师们都强烈反对这种看法，因为他们弄不清"性"和"生殖器"二字的含义，以为这是同一件事情。这样的误解或混淆带来一个不可避免的难题，这就是：一种行为究竟具备怎样的特点才能算是性的表现？我相信，经由精神分析的研究之后，人们对这些行为的出现原因已有了较透彻的理解。将吸吮指头的习惯归并到性活动中，就是这种理解的结果。从这点出发，幼儿期性活动的基本性质才可得到直接研究的机会。

（二）自体享乐

我相信，对这一现象做出明确的交代乃是我们的责任，我们必须坚持这样一种看法：相信这种性活动的明显特征在于它的行动并非指向另一个人，而是在自己身上寻求满足，引用艾里斯（Eliss）发明的妙语，这是一种"自体享乐"（autoerotio）。（事实上，在艾里斯使用"自体享乐"这一词的时候，其中包含的意思与我的意思还是有一定差异的，它主要是指源自内部而不是外部的激动,而精神分析学却认为,重要的不在于激动的来源,而是它与对象的关系。)

此外,我们还知道,当一个小孩吸吮指头时,这表明他正在追寻某种记忆犹新的愉快体验。反复地吸吮皮肤黏膜,原是一种最简单的性满足方式。我们不难理解,一个儿童在这种情况下所竭力追求的愉快体验,过去曾在什么样的场合体验过。吸吮母亲的乳汁(或乳汁的代用品),原是孩童生活中最早体验的一种愉快动作,也是最重要的愉快动作。这就是说,孩子的嘴唇是一种快感区,母亲乳汁的温暖之流的确能带来刺激,造成一种快感。快感区的满足在一开始时确实同获取营养时得到的满足密不可分,你只要看到一个心满意足的婴儿离开母亲的乳房,有粉红的脸蛋和在微笑中沉沉入睡,便很快想到成人性满足之后的那种表情,他们是何其相似!但是,这种想使性得到满足的欲望迟早要同摄取营养的欲望分家。在牙齿长出之后,进食便不再用吸吮的方式,而改用咀嚼的方式。从这个时候起,这两种活动便开始分道扬镳了。当然,这时的婴孩仍然不能自立,也不能适应外部世界。他只能用自己的皮肤来代替母亲的乳头。他之所以吸吮自己的指头,大约有两个原因:一是这样比较方便;二是指头可以成为另一个比较次要一些的快感区。正因为这个快感区比较微弱一些,所以会逼迫一个人弃之而另寻乐源——这就是另一个人的嘴唇("真可惜!我不能吻自己!"这句话可以很好地作这一段文字的注释)。

当然,并不是所有小孩都吸吮指头。但凡是吮吸指头的小孩,他们的嘴唇快感区都天生敏感,他们长大之后往往喜爱接吻,甚至会导致一种错乱性接吻的倾向——如果是男人,很可能会喜欢吸烟、喝酒。但是,假如潜意识抑制作用占了上风,他们反而会厌恶吃东西,发出歇斯底里式的呕吐。由于嘴唇是二者的共用地带,这种潜抑作用便很容易波及摄食行动。我所治疗的许多女人,她们的症状都与饮食有关,如歇斯底里性喉胀感、窒息感、呕吐等。她们在婴儿期均有过吮吸指头的习惯。

从吮吸指头或这种"为愉快而吸吮"的活动中,我们看清了幼儿期性表现的三大特征:它的来源同身体中维持生命不可缺少的寻食功能密切相关;它尚不知有性的对象,是一种"自体享乐";它的性目的受快感区的直接控制。我们相信,这些特征也通用于其他幼儿期的性活动。

幼儿期性欲活动的性目的

(一)快感区的特征

这一吸吮指头的例子对我们该怎样去辨认快感区有不少启发,如:它必须是皮肤或黏膜的一部分,对它进行刺激时,可以得到一种明确的快感。现在我们还无法理解,究竟它的哪种特殊属性使得一种刺激会给它带来快感。"律动性"的确起着重要的作用,这不禁使我们想到搔痒的乐趣。但我们不能由此确定,这种由刺激带来的感觉是不是"特殊"的，在这种特殊性里，"性"的因素又占着怎样的地位。心理学每涉及"快乐"与"痛苦"问题时，总是在黑暗里摸索。所以我们提出一种假设时，还是愈小心愈好。我们只能说"性"的感受有着极为特殊的性质，至于理由，我们只好在以后渐渐去发现。

身体中有某几个特别部位的"性"感受力极为强烈，正如我们在"吸吮"的例子中所提到的，它们是天生的快感区。即使在这个例子里，我们也能发现，任何有皮肤黏膜的地方，都具有快感区的功能，所以这样一种看法还是有相当的弹性的。由此观之，快感的产生与某种"刺激"本身的性质有着较大的关系，与刺激施行的部位却关系不大。那些吸吮指头的小孩，总是在全身寻找可以通过吸吮而导致快感的部位。久而久之，他便习以为常，偏爱着某些部位。在寻找的过程中如果他偶然碰到那个较为敏感的部位。如胸部、乳头、阴部等，他的偏好就很可能固定在这些部位。在歇斯底里症状中，还可以发现一种近似于转移作用的现象。在这种心理症中，快感区本身受到潜抑作用的制约，引起兴奋的能量遂传递到其他快感区，使这些在成年生活里本应消失的东西暴露出来，代替了性器官的作用。但除此之外，身体的其他部位也可以像吸吮指头的情形，经由性器官兴奋的影响，成为快感区。快感区与歇斯底里发作区的性质极相近。（经过长时间的思考和更多的观察，我认定身体各部分乃至一切内脏器官皆可以是快感区，请参阅我写的《论自恋》。）

（二）幼儿的性目的

某一特定快感区的适度兴奋，可以满足幼儿的性行动，而达到其性的目的。为了建立起一种"重复"的欲望，这种满足必须是先前曾经历过的。我们完全可以相信，为了使这种事情发生，"自然"有其自身的安排，并不一定全靠机遇。对这种安排，我们在讨论唇快感区时已提到过，即：身体的这一部分同时也是用来摄取营养的。在其他一些性欲来源中，我们也会遇到类似的性机制。对这种反复要求满足的欲望，我们可以从两个方面来理解：一是有一种奇特的紧张感存在，这种感受特别挑逗人；二是心灵深处有一种敏感或痒感出现，投射到周围的快感区。因此，对"性目的"我们可以做如下界定：它意在运用外来刺激来摒除那种源自内心而存在于快感区的敏锐（或紧张）感，从而带来满足的感觉。这种外在刺激的方式通常与吸吮动作相类似。

这种欲望也可以通过造成快感区的确切变化，自边缘区域予以唤醒，这一点其实并不违反我们的生理学知识。值得怀疑的一点是，为什么加在同一个地方的同一种刺激，既能抑制又能引动那种需求。

自慰（手淫）的性表现

一旦我们对唇部快感区的作用机制有所理解，其他快感区便能由此类推。有关儿童的性活动的讨论，最重要和最困难的部分已经过去了，以后的论题便容易多了。我认为，不同快感区之间最显著的区别，就在于求取满足时所需动作的不同，唇区所需要的是吸吮，其他地方也各依自己的情况和性质的不同而使用不同的肌肉动作。

（一）肛门区的活动

肛门区也和唇区一样，兼有其他功能。我们应该想到，身体的这一部位具有强大的色情意义。通过精神分析，你会对这一区域在常态下的兴奋过程的丰富变化，还有它终生保持的相当程度的性感受能力感到惊讶。婴儿期时常发生的肠炎会强烈地刺激这个区域。我们常常听说，肠炎会引起儿童的"神经质"。不仅如此，它们还对以后发生的心理症症状产生确切的影响，并且时常与胃肠不适有关。考虑过肛门快感区至少在转化的意义上所具备的重要性之后，对于从前医学杂志里所十分看重的以痔疮的影响来解释心理症的说法，我们便不应该再加以嘲笑了。

儿童往往控制自己的大便，直到非用强烈的肌肉收缩不能排便为止——他们就是用这种方法来获得肛门快感区的快乐感受的。这时，积粪一下子便通过了肛门，对肛门黏膜造成了明显刺激，这种刺激会引起一阵痛楚，但痛楚之中又包含着一种说不出的痛快淋漓之感。一个被保姆带到厕所去排大便的孩子，如果他经常拒绝在保姆跟前将粪便排出来，而是单独留下来享受排便的快乐，这很可能预示着：这孩子将来会形成一种较古怪的脾性和陷入神经质。这种脾性的孩子根本不在乎大便控制不住时会不会把床铺弄脏，而只想到由控制而导致排泄大便时的那种快乐。教育家们已经觉察到，这种故意控制大便的孩子是顽劣的。当肠内排泄物刺激着表面上那层敏感的黏膜时，这种感受就像另外一些孩子在童年期过后才发达起来的性器官的特有感受，因而具有很强的性的意味。这一发现说不定对育婴学还是一个贡献：这种活动代表着第一次"奉献"，抛弃粪便显然具有妥协的含义，而不情愿抛出，就意味着不愿意妥协，说明小儿对环境不满。小孩子往往从这个"奉献"的意义去理解"生产"的含义。他们往往对"性"作出这样的解释：人因为吃了什么东西而怀孕，然后从肠子内"生产"出来。

将粪便憋住不排，其本意在于用来刺激肛门区，以达到自慰（自淫）的目的。精神衰弱的人常常便秘，也多少可以用这一点去解释。一切心理症患者都毫无例外地有着特殊的排便习惯和方式。这些习惯和方式被他们小心地（或秘密地）保存下来，而肛门区的重要性，由此可见一斑。

在较大些的孩子里，那种发自内心的或因为外阴部的痒感引起的用手指刺激肛门区的手淫活动亦很多见。

（二）生殖区的活动

在儿童身体内的快感区中，有一个似乎不占什么重要地位、对早期性感受也毫无关系的部位，但它在以后却注定要发展成最重要的东西。不论在男人或女人身上，这一部位都与排尿有关

（男人是阳具，女人是阴蒂）。以阳具为例，它通常总是被包裹在一个薄膜囊袋里，从而很容易在一切可能的情况下受到分泌物的刺激，使儿童在早期便能被激起性的兴奋。这个快感区的活动，属于真正的性器官的活动，它的发展构成了日后正常的性生活。

由于它在解剖学上的特殊位置，所以不管身体的沐浴或擦拭，还是其他的意外刺激物（如蛲虫夜间爬出肛门，误闯入女孩的阴部）都容易刺激这一区域。小孩在吃奶的时候就已发现了身体这一部分的愉快感觉，所以每逢这种刺激就容易唤起一种想重复这种愉快感觉的欲望。如果留心观察，我们便会发现，不论你尽力保持婴孩干净还是任由他脏下去，其结果都是一样的。我们毫不怀疑，这是自然本身的意愿。经过这种人人皆有的幼儿期自慰（自淫），就为这个快感区在未来性活动中的雄霸地位做了准备。在这种预备性活动中，消除刺激和带来满足的方式是经由手的接触摩擦和大腿的闭合，以造成一种对本能压力的反作用。后面一种方法比较原始，而且常见于女孩；男孩子则喜欢用手，这预示着男性在成熟之后，其自慰性性活动中以手消除性冲动将占重要地位。（从成年后用于手淫的各种花招可以看出，手淫之禁虽然已被克服，其影响力仍然存在。）

（三）儿童手淫的第二期

幼儿自慰期一般历时较短，但有时也可能保持至青春期，这种情形很容易被文明社会视为异端而予以唾弃。在育婴期过去之后的某一段童年时间里，性的活动可能再度出现，持续一个阶段之后重新消沉；有时也会一直持续下去，拒不消失。总之，可能出现的情形十分复杂，只有通过对个别案例的分析才会有一个全面的了解。但不管怎样，这第二期性活动的详细情况必将在个人记忆中留下最深刻（或潜意识）的印象，它决定着正常人的性格，还决定着在青春期之后患心理症的那些人的症状。这一时期的性发展往往被遗忘，意识中对这一时期的朦胧记忆只不过是一种经过转移作用之后的伪装。我早就提出过这样的主张，正常人对幼儿期的全盘遗忘与幼儿期的性活动有关。精神分析学的研究，可以使遗忘的材料浮现在意识之中，从而根除来自潜意识精神因素的强迫性行为。

（四）幼儿手淫的再现

婴儿期的性兴奋会在童年的岁月里再现，成为一种自发的、要求着自慰之满足的痒感，或者形成一种类似遗精的过程。这种过程和成年人的遗精相似，可以不经动作的帮助而得到满足。后者多见于童年后期的女孩。造成这种情况的原因尚不清楚。它的发生并不经常，但可以从中追溯到早年曾有过的过度自慰的现象。这一时期性的表现还不明显，生殖系统还未成熟。所有病症差不多都表现在与生殖系统相邻近的泌尿系统上面。大多数所谓的膀胱障碍都富有性的意味，小儿夜晚遗尿，除了那些因癫痫症引发者之外，差不多都有着一种类似遗精的机制。

透过心理症症状之形成过程，再透过精神分析的研究，我们便可以较为确切地了解造成性活动再现的内在原因和外在原因。

对于内在的原因,我们将在以后加以讨论。至于外在的原因,我们是这样看的:在这个时期偶尔出现的外在原因,往往对一个人有着重大而长久的影响。最重要的外因是诱导的影响:未成熟的儿童往往被人当作性对象,在某些情况下,小孩子也能学会从生殖区得到满足的方法,忍不住以自淫的方式求取满足。这种影响可以来自成人及其他小孩的教唆。我认为在我论述歇斯底里的成因时,对这件事的重要性的估计并不过高,不过我当时还不知道正常人在其童年期也可能经历过相似的经历,因而太强调受引诱在性内涵之发展中的作用。很明显,要唤醒一个儿童的性生活,他人的引诱并非是一种不可缺少的因素,这种觉醒可能随时自内在的源泉中爆发出来。

(五)多种性反常现象的出现

值得注意的是,经由"诱导"作用,会导致儿童多种性反常现象的发生,把他们的性活动引向任何一种变态。这表明儿童本身就有适应这一切的倾向。这些性反常行为的形成,往往遭受到很小的阻力,因为那阻碍性变态的精神堤防,如羞耻心、厌恶感和道德感等(这些堤防随儿童年龄增长而加强),还未曾建立起来,有些还有待于形成。在这一点上,儿童与天真的妇女之间颇为接近,他们都保持一种多方面的性反常倾向。这样的女人通常过着正常的性生活,但如果受到别人的引诱,就可以在每一种性反常行为里得到快感,因而也可以将这种反常行为归并到正常性活动范围里。在妓女的职业性活动里,我们同样可以看到这种多种形态或幼儿的倾向。在许多妓女以及许多表面正经但骨子里却很风骚的女人身上所发现的事实，使我们再也不可能忽视遍存于人性中的这种原始的性反常倾向。

（六）部分冲动

除此之外，将这一切归之于诱导的影响，不仅无助于对性冲动原始关系的澄清，反而妨碍了我们对它的了解。因为它往往在幼儿性行动尚未追求其性对象时，便提前为它提供了得到性对象的机会。但我们也应该承认，幼儿性生活虽然大都控制在自己的快感区范围之内，但从一开始起仍然带有视他人为性对象的成分，其中如窥阴癖、露阴癖、虐待狂等，皆或多或少地脱离了快感区，直到后来才逐渐与性生活联结在一起。

当然，在幼儿期，这些现象虽然与快感区互不干预，通常也会露出明显的迹象。小儿最特别的地方，在于他们不知羞耻为何物，喜欢展示自己的裸体，尤其是性器官。除此之外，还有与这种欲望相反的性反常行为——想看别人阴部的好奇心。这种好奇心可能直等到儿童年龄稍大，羞耻心已造成相当大的阻力时才首次出现。经过诱导之后，视淫症这种性反常现象可能会在儿童性生活中占据相当重要的地位。不过，通过对某些正常人和一些心理症患者童年生活的研究，我已经认识到，这种视淫冲动也可以在不依靠外力的影响下发生，很自然地成为儿童的性行为之一。儿童的注意力一旦指向他们自己的性器官——通常表现为自淫——便不难顺着这条路继续前进。如不受外力干涉，便有可能对其伙伴的性器官表现出极大的兴趣。由于满足这种好奇心的机会通常只发生在别人大小便的时候，这些小孩便成为偷窥狂，十分热心于观看别人排尿与排粪。这一倾向虽然以后遭受潜抑，想看别人性器官的好奇心（同性与异性）依然是一种挑逗人的欲望，成为构成某些心理症患者症状的首要因素。

儿童性行动中的残酷成分与快感区的性活动更是无关。在儿童中，那种极力克制自己、不使自己因过分玩弄他人而伤害他人的约束力（即通常说的同情能力），一般发展得相当晚，这使得儿童的性情偏向于残酷。我们知道，对这种冲动，人们还尚未进行过较详尽的分析，但我们仍然可以设想，这种残酷的倾向来自征服的冲动，它在性器官尚未发达时便已出现在性生活里，并在一段时期内控制了性生活。对于这一时期，我们称之为"性器官前期"。对于那些对待动物和伙伴特别残酷的儿童来说，我们完全可以猜想到他们早年可能体验过来自性快感区极强烈的感受。总之，在所有儿童性冲动中，快感区的活动总是最根本的。假如失去了同情心的阻抗，性冲动与"残酷倾向"之间在儿童期表现出的那种紧密联系，便有持续到成人期的危险。

自卢梭的《忏悔录》发表以来，每个教育家都很熟悉，对儿童臀部的惩罚乃是被动性残酷行动（被虐待症）的色情根源之一。他们正确地指出，对孩子身体的这一部分的鞭挞和体罚是必须禁止的，否则一个置身于这种文化环境中的儿童，其力比多很可能误入歧途。

关于幼儿的性研究

（一）好奇心

从三岁到五岁这段时期，大约是儿童性活动初次出现的时期。与此同时，一种探索和求知的欲望也开始了。这种求知欲既不是原始本能，也不能完全归之于性活动。它的活动一部分固然是来自掠夺欲的升华，另一方面又可能来自视淫行为。然而它与性活动的关系还是十分重要的。我们从精神分析中得知，儿童的好奇心深受性问题的吸引，发生时间早，程度上又极为强烈，因此很有可能纯粹是被性问题唤醒的。

（二）狮身人面兽之谜

那激发起儿童之探索活动的，并不是理论上的热情，而是实际的兴趣。家庭中即将出生或已经出生的弟妹威胁着他们，使他们顿时滋生出一种就要失去照顾和爱护的恐惧感，因而变得好思考且行动灵活。伴随儿童这一觉醒而来的第一个问题，并不是两性之间的差异，而是：婴孩是从哪里来的？其实，第比斯的狮身人面兽让人猜的也就是这样一个谜，虽然经过了歪曲改变，但并不难将其还原。儿童通常是在不假思索的情况下接受了两性存在的事实。男孩假设每一个人都有一个和他一样的性器官，很难想象别人也缺乏这个东西。

（三）阉割情结（castration complex）和阳具羡慕（penisenvy）

男孩面对着揭露出来的事实，会受到极大的震惊。面对这种不一致,他会极力反抗,经过极严重的内在挣扎(阉割情结)后,才终于不得不承认这一事实。至于女人,则会因为缺少阳具而出现一种心理替代现象,这种"替代"机制在性反常的形成过程中起着相当大的作用。(女人同样也经历过"阉割情结"。无论男孩还是女孩,都曾一度认为女人本和男人一样,具有阳具,而且会因为阉割而失去。当男性最后终于弄清女性生来就没有阳具时,便再也摆脱不掉对女性的鄙视。)

在儿童所执有的那种幼稚理论中,他首先设想每一个人都有着和他相同的(男性)性器官。虽然生物科学与这种看法相符,指出女性的阴蒂和阳具相近,但儿童对此原是一无所知的。当小女孩看到小男孩有与她不同的性器官的时候,她的反应不是像男孩那样拒绝承认,而是立即承认这一事实,不久便对男孩拥有阳具的事实羡慕起来。这种羡慕之情与日俱增,并希望自己是个男孩。

(四)关于诞生的理论

许多人都清楚地记得,他们在青春期之前,曾对"小孩子从哪里来的"问题产生过强烈的兴趣。对这个问题的答案真是花样繁多,各个不一。有的说小孩是从胸腔中跳出来的;有的说从胳肢窝下钻出来的;还有的说从肚脐眼中挤出来的。若不是通过分析,我们很难记起小时候的这些探索活动。那时我们认为,一个人之所以会怀孕,是因为她吃了一种什么特殊的东西(如童话中所说的那样),才使小孩子像大便一样产生出来。幼儿期的这些理论使我们联想起动物界通用的构造法则，尤其是那些比哺乳类动物低的动物种类，它们不都保存着泄殖腔吗？

（五）性行为中包含的虐待意味

由于成人多认定小孩子是天真无邪的，绝不会想到性的事情，所以便不顾影响，把成人的性行为暴露在这些幼稚的儿童面前，使他们脑子里对性行为留下了深刻的印象，觉得这不过是一种欺负、侮辱和带有虐待性质的行为。精神分析的实践表明，幼儿的这一印象经常促使性目的转移到虐待方向上。此外，儿童还经常猜想着，性行为究竟是什么意思。对他们的幼小心灵来说，这也就等于是在追问，究竟婚姻是什么意思。他们总觉得，这是一个与大小便功能密切相关的问题。

（六）幼儿探讨的注定失败

一般说来，幼儿的性理论乃是通过他们自己的天赋总结出来的，因而难免会犯下令人可笑的错误。但总的说来，他们对性过程的了解，已远远超过了父母们的想象。小孩子可以看出母亲怀了孕，也知道怎样去解释。他们常常听到"鹳鸟送子"的故事，总是默默地和深深地怀疑着。但无论如何，有两件小事是儿童不可能知道的，这就是：精液的授精功能以及女性生殖器的存在（因为这些在小孩身上还不发达）。有鉴于此，儿童的设想和推理常常劳而无获，最终仍然茫然无知。这种情况常常永久地挫伤儿童的求知欲。幼儿对性的探讨总是自己单独进行的，这是他来到这个世界上之后，迈向独立自主、自寻方向的第一步。在这之前，他对环境是绝对信任的。自此之后，在他面对着周围的人时，总免不了会有一种强烈的疏离和孤独之感。

性组织的发展阶段

有关幼儿期性生活的特征，我们已经强调指出了下列事实：

1. 它从根本上说是"自体享乐"的（它总是在自己身上寻找对象）。

2. 它的每一个"部分冲动"，往往都是各自独立，互不相干，但又都致力于求取快乐。性活动的这一发展，结果都是引导那寻求快乐的力量，达到繁衍子孙的目的。这也就是所谓的正常性生活。所有的"部分冲动"都统辖于一个最首要的快感区之中，形成一个强有力的性组织系统，最后达到向外界的性对象求取性的目的。

（一）性器官前期组织

运用精神分析法在研究性发展的过程中，遇到了种种禁止和干扰。我们发现，部分冲动各有自己的满足方式，它们构成了整个性体系中那较为原始，而且终将被视为多余的阶段。这一发展阶段往往能够轻易地通过，只留下微小的痕迹。只有在病态的例子中，它们才变得活跃，从而被我们很容易地观察到。

在生殖区尚未扮演主角之时的性活动组织体系，我们称为性器官前期。其中最常见的有两种，这就是我们在远古时代的动物祖先中观察到的情形：第一种性器官前期体系是口欲的，换言之，它具有吞食同类的性质。在这一时期，性活动尚未同摄取营养的活动分开，两性之间的差异也尚未开始，两方面的对象可以相互混同。它的性目的在于把对象合并到自己体内。这样的原型（prototype）以后又在同化作用（identification）中扮演了重要的精神角色。吸吮指头的活动便是这一阶段的残迹。在这一阶段，性活动开始与摄取食物的活动分开，但仍以自己身体的一部分代替外在的对象。【有关这一时期在成人心理症患者身上留下的痕迹，请参阅阿布拉汗（Abraham）的论文。在后来的一篇文章中，他又把口欲期及"虐待——肛门期"再进一步分为两期，代表着另一种见解。】

第二种性器官前期是虐待性的肛门性欲体系的建立。在这期间，两性已有明显的分化，但仍然只有"主动的"与"被动的"两种，在后来性生活中所见到的那种明显的男性与女性的区别，此时尚未呈现出来。这时的性活动受"支配冲动"的调动，依靠全身的肌肉来完成。肠道的黏膜快感成为被动的性目的。两性都有自己追求的对象，并且很不相同。除此之外，还有其他一些自慰形式的"部分冲动"存在着。总之，在这一时期内，性的两极分化以及外部性对象均已存在了，但性欲仍然未能臣属于繁殖后代的功能之下。

（二）矛盾心理（ambivalence）

以上所说的性体系有可能持续终生，一直支配着性活动的大部分。虐待癖的出现，还有肛门区所起到的类似泄殖腔的作用，均证明了它们的确是远古印象的遗迹，除此之外，我们还可以找到它的另一个特征，即成对而又相反的行动（如爱恨交织）的出现，布留拉（Bleuler）曾称之为"矛盾心理"，这一称呼的确很恰当。

提出性生活范围内存在着一段性器官前期的设想，这是对心理症进行分析之后得出的结果，并不是什么人随便想出来的。无疑，我们可以预期，精神分析法以后还会继续发展，从而使我们更加了解正常性功能的结构和发展。

关于儿童性生活，还有另一个需要提到的情况，这就是：即使在儿童期，也经常有着性对象的选择，这种选择在各方面都和青春期的情形相似。儿童常常选择一个固定的性对象，把一切性的追求都对准这个人，企求在他那里达到性目的。这是儿童模仿青春期性生活的最佳途径，但又与青春期选择不尽相同，这就是：在儿童阶段，各种"部分冲动"服从于生殖区的情势尚未建立起来。实际上，生殖区支配一切性活动以便使子孙繁育下去的情形，乃是性发展的整个过程的最后一步。（1923年之后，我的看法稍有变化，在儿童发展了这两个性器官前期体系之后，还有一个第三期，即性器官期。但这个时期仍然只有一种性对象，性行动在某一程度上是集中的，它与性成熟的最终体系之间仍有一个根本的不同之处，因为它只认识一种性器官，即男性性器官。正因为此，我称它为"男性生殖器期体系"。根据阿布拉汗的看法,这一体系有一个生物学的原型可作参考,那就是在胚胎期性器官尚未分化而两性还相同的时候。)

(三)对象选择的两个时期

在正常情况下,对象选择可分为两个时期,或者说,可分为两次飞跃。第一次飞跃大约在三岁到五岁间,到达潜伏期时,便突然中止或渐渐消失,其性目的纯粹是儿童式的。第二次飞跃始于青春期,决定了性生活的明确形式。

由于潜伏期的阻拦,对象选择一般分两次出现。这种情形对最终的结局,尤其是病态的结局有着极大的影响。儿童对象选择的结果,往往影响深远,它们或是一直保存下来,或是在潜伏期潜伏一段时期,再于青春期重新出现。但是由于在这两个时期逐渐形成的潜抑作用,它们便不能在青春期有所发展。它们的性目的也已经柔化,这时仅构成性生活中的温柔情思。只有通过精神分析的研究,我们才能明白,在这些柔情(如荣耀感、敬重之情)之后,竟隐藏着年代久远、不再起作用的原始儿童期的部分冲动。青春期的对象选择必须压倒儿童期冲动指向的对象,形成一种情感型的对象。由于这种原始行动与情感型的情思格格不入,所以性生活便达不到这样的理想境界:使所有欲望都融汇到一个单一的性对象中。

幼儿期性欲的来源

关于性行动的来源，经过我们努力探索之后，已经有如下的发现：1.性兴奋来自对伴随其他机体功能而出现的可导致满足的模仿；2.性兴奋经由对边缘快感区的刺激而产生；3.性兴奋乃某种"冲动"的表现（如窥视冲动、残酷冲动），这些冲动的来源我们至今还不清楚。我们对性兴奋之永不枯竭的能源的了解，一般是靠两个方面的研究达到的。一方面的研究是运用精神分析法使成年人回忆其童年，另一方面的研究则是通过对儿童作现场观察。后一种途径的坏处在于，我们很容易将观察所得做出错误解释。而精神分析法也有自己的困难和不足，这就是：它为了得到一个结论或达到自己的目的，往往要绕很大的圈子。虽然它们有这样或那样的不足之处，但当这两种方法结合起来使用时，便会加深我们对这个问题的理解。

在研究快感区时，我们就已经发现，这些区域只不过是皮肤中最敏感的部位。当然，敏感性在整个体表都或多或少地保存着，所以当我们发现，即使某些普通的感觉作用同样沾染了色情的味道时，也不必大惊小怪。在所有这些感觉中，尤值一提的是温度感觉，它可以帮助我们了解温水浴的医疗效果。

（一）机械性兴奋

除此之外，我们还有必要提一提，当身体做机械式的规律性摇动时发生性兴奋的情形。这种摇动一般会引发下面三种作用：1. 对平衡神经（第八脑神经前的部分）感觉器官的作用；2. 对皮肤的作用；3. 对深层部分，如肌肉与关节的作用。这些作用激起的性兴奋是极为愉快的。此处我还须强调指出，目前阶段我们还只能继续笼统地使用"性兴奋""性满足"之类的名词。对它们的精确解释还有待于以后进行。儿童非常喜欢玩一些包含着被动性动作的游戏，如让人来回摇晃，让人抛在半空中等。一旦这样做过之后，他们还会要求再来一次，可见这种机械性的刺激的确能带来快感。（有些人尚记得当他们被摇晃时，感觉到流动的空气扫过性器官，会带来一种一时的性快感。）

我们知道，摇篮可以使哭闹的婴孩入眠，马车或火车里的摇晃会对年龄稍大的儿童有着如此大的诱惑力，以至所有的男童，至少在他们一生中的某个时期，都立志要做个驾驶员或车夫。他们对那些与铁路有关的活动和消息有着特别的、令人无法理解的兴趣。在那些充满幻想的年代里（青春期前不久），他们总是以此为中心，抒发着微妙的性象征作用。这种将火车旅游与性生活相联结的想法，明显源自于节奏感中的那种愉悦成分。等到后来，潜抑作用大大增加，便将无数童年的喜好化为憎恶。同一个人，在到达青春时代和成年时期后，一旦受到摇晃或旋转，便恶心或呕吐起来。火车的旅程会使他们感到疲劳不堪，甚至刚一离家上车便感到有一种无缘无故的焦虑感。人们称这种症状为顽固的"火车恐惧症"。总而言之，绝对不愿意让那种痛苦的感受重新出现。

这种情形极符合一个我们还不太明了的事实，这就是：对这种机械摇动的惧怕，常与那种歇斯底里式的创伤性心理症并发。对此，我们可以做出下面的假设性解释：患者原来就积藏了过多的性兴奋，受不了哪怕一丁点足以化为性兴奋的外来刺激。如果强行对其施加这种刺激，其性机制便立刻陷入混乱。

（二）肌肉的活动

谁都知道，儿童需要较为激烈的肌肉活动，这种需要一旦得到满足，便使他感到分外喜悦。这种快感究竟是否与性活动有关？它是否包含着性满足或足以导致性兴奋？对这样一些问题，都曾有人以批评的语气讨论过。还有人认为被动动作中的快感包含性的成分。但事实是否如此？有不少人说过，他们性器官的首次兴奋，是出现在同伙伴们打架、玩耍甚至摔跤的时候。当然，在这种场合，除了全身肌肉在紧张用力之外，还要与对方的肌肤接触和摩擦，这也许是造成性兴奋的一个因素。一个儿童如果特别喜欢同另一个儿童比力气大小，就表明他也像成年后爱同某个异性斗嘴一样，他的对象选择正指向这个人。正如俗话所说，"最喜欢嘲弄你的人，也许最喜欢你。"

从肌肉活动中提取出来的性兴奋中，我们发现了虐待冲动的一个根源。幼儿打架时与性兴奋的关系，影响了他们以后解决性冲动的方式，或者说，在日后解决性冲动时，也喜欢采用一种类似"打架"的形式。（对某些心理症病例的分析证明，运动的欢乐中包含着性的意味。现代教育家极力以竞赛性的运动去转移年轻人的性冲动，就是依据这个道理。可以这样说，这些年轻人以运动的乐趣代替了性的享乐，从而使性活动回到它自体享乐的阶段。）

（三）情感过程

对儿童性兴奋的其他来源，迄今还很少有过争论或疑问。我们通过现场观察和事后的深入研究，可以得出这样一个肯定的结论：一切比较强烈的情感过程，甚至惊惧和恐怖感情，莫不与性活动有关。这一发现十分有利于我们了解这些情感的病态性质。在校的学龄儿童大都害怕即将到来的考试，甚至对做习题也有畏难情绪，一旦他们再也经受不住时，就会有种种异常表现：除了在学校中与别人搞不好关系之外，在性方面也有所表现；一种兴奋的感觉常常驱使他们去触摸性器官，甚至会导致一种类似遗精的过程，从而陷入一种难堪的境地。儿童在学校中的性行为，经常使教师们感到迷惑不解。这的确应该认真地从儿童初萌发的性欲方面加以认识和体会。很多人感到，像惧怕、战栗、恐怖等痛苦的感情，都包含着性兴奋的因素。由此可以解释，为什么很多人都愿意经历这种感受；当然，这些感受的体验大都需在特定的条件下进行，其中最主要的是一种安全的"距离"（如阅读时的幻想，戏院里的观赏）。在这种"距离"中，那种要求痛苦感觉的意图，大都受到压抑。

我们可以设想，在上述现象中，包含着一种以强烈痛楚感为目的的色情作用，这也是虐待与被虐待等冲动的根源所在。至于正常人，则只能在轻微的痛楚中得到满足，或者只能在小说、电影中通过幻想而得到发泄。

（四）智力活动

最后一种造成性兴奋的活动是智力活动。绞尽脑汁，将精力集中在智力操作上，同样也能造成性的兴奋。这一情形不分老幼，但最常见的还是年轻人。我们经常说，如果一个人"用脑过度"，就会神经紧张，这大概是唯一讲得通的解释了。

在本篇结束之际，假如我们回顾一番那些引发幼儿性兴奋的种种起因，就可以从这些材料中找到如下的普通规则：许多证据表明，性兴奋的过程（它的性质对我们一直是个谜）必须通过动作才能完成。使这一规则成立的是皮肤及感觉器官对兴奋的感受性，而身体中最易兴奋、反应最快的部分则为快感区。至于性兴奋究竟是哪个来源，则要视刺激的性质而定。但刺激的强度（或痛楚的程度）也有相当的重要性。此外，对于体内的大多数生理活动来说，假如它们达到相当的程度，同样能附带地引起性的兴奋。我们所说的性活动中的"部分冲动"，便是直接得自于这些性兴奋的内部来源，或者由这些内在来源与快感区各个方面共同组成。很有可能人体内无论哪一种重要的机能，都要在性冲动的形成中贡献自己的一份力量。

由于下面两种因素，目前我还不能说自己的看法确切无误。这两种因素是：1.这还是一种全新的研究方法；2.对性兴奋的本质我们尚未完全了解。但不管怎样，有两个方面在将来会有大的发展，在这儿值得一提。

（五）性构造的多样性

在对这些快感区的形成做了上述讨论之后，我们已经发现，性构造可能生来就是多样性的。这一点也是性兴奋的间接来源。我们可以这样设想，虽然这些不同的来源对每个个体都有所贡献，但性构造的每一个因素却不必在所有人身上都一样的强。每个人的发展过程，都有着其特殊的倾向。（经过讨论，我们必须这样肯定：每个人都有口腔快感、肛门快感、尿道快感等，而与之相对应的心理方面的特殊性，却不一定是反常的或有心理疾病的。只有性本能各成分在发展过程中参与的强弱程度不同，才是区分正常与反常的根据。）

（六）逆向的影响

如果我们抛弃惯用的比喻，不再使用"性兴奋的来源"一词，我们便可以做出这样的设想：所有从身体其他功能导向性活动的路线或通路，其反方向也可以走通。以唇区为例，由于两种功能的同时存在，就使得性满足可以通过对食物的摄取而达到；反过来说，同一个区域的性功能一旦有了障碍，也可以干扰营养的摄取。根据这一道理，我们也可以解释，为什么注意力的集中会造成性兴奋，而性兴奋的具体程度为何又可以影响一个人注意力的集中。心理症的症状常常表现为其他一些不属于性的身体功能的错乱，并且多半能从这些错乱中追踪到性过程的错乱。由此看来，那些模糊不清、看上去似乎不可理解的症状，原来是控制性兴奋之产生的反方向影响。知道了这一点，它就不那么神秘了。

再者，性的紊乱会妨碍身体其他功能，这样一种途径在正常人身上还肩负着另一种使命：经由这一途径，性动机的力量能被引离性目的之外，从而使性欲的升华得以完成。我们承认，对于这一途径，我们除了知道它的存在以及它在两个方向上都可以伸展之外，其他东西还知道得很少。

第三章 青春期的改变

青春期的到来引起了某种变化，这时，幼儿的性活动发生了明显改变，最终变为常见的形式。我们知道，在此之前，性冲动大都局限于"自体享乐"，从现在起，它开始寻找外部性对象了。以前每一个局部冲动都单独做出努力，各快感区也自行在其特定的性目的中寻求快乐；现在却出现了一个崭新的性目的，一个由各局部冲动组织起来去寻求的性目的，这就是生殖目的。由于这一目的的出现，各快感区信服于生殖区的权威统治。由于这个新的性目的在两性身上有明显的区别，它们的性发展也就只能分道扬镳。男人的性发展前后较为一致，因而更易于了解；女人则不然，其性表现有时会以退化的形式出现。既然正常的性生活必须由性对象和性目的两个方面汇聚而成，对它的认识也就必须从这两个方面进行，这就像挖一个山洞必须同时从两边动工一样。

在男性中，这一新的性目的就是性产物的释放。这其实并不与以前的性目的相违背，它同样也能得到快感。事实上，整个性过程的最后一个阶段（或最后一个动作）可以带来巨大的快感。这时，性冲动完全受制于延续子孙的功能，一切都为它服务。换句话说，它已经完全变为"利他"（altruistic）的了。这样一种改造的成功，主要是由于它的过程适合原先的总倾向，从而与其中包含的所有"部分冲动"在性质上相类似。

这里发生的事情也同其他场合一样，当新的关系和新的构造需要复杂的机制去完成时，如果不能及时而妥善地建立起新的秩序，病态的紊乱便有可能发生。总之，性生活中所有病态的紊乱都可看作是发展过程遭受抑制的结果。

生殖区的首要性及前期快感

从以上所述中，我们清楚地看到了整个发展过程的主流及其最终目的，但对其中发生的某些转变，我们迄今仍不清楚，有许多谜还要求我们做出回答。

青春期内最明显和最典型的发展历程，便是外生殖器的显著发育。我们知道，在童年的潜伏期里，它的成长在很长一段时间内是相当受压抑的。与此同时，内生殖器也发育到了一定的成熟程度，足以泄出性的产物或足以承受这些产物，从而导致一个新生命的形成。这个十分复杂的器官在一段时间是闲置着的，它总是期求着那大显身手的机会。

这个器官可以通过刺激而引起兴奋。根据观察，这种刺激一般有三个方面的来源：1.来自外部世界，经过我们所熟知的那些性感区传导给它；2.来自内在的有机世界，其作用机制仍有待于研究；3.来自那储积着外来印象和承受着内在刺激的精神世界。这三个方面的刺激都会导致同样的结果：一种可以称为"性兴奋"的特殊状态，这种兴奋状态涉及着精神上和肉体上的某些显著变化。在精神上，表现出一种奇特的和极为急切的紧张感；在肉体上则表现为性器官的明显变化。这种兴奋状态的确切含义，是要做好做爱的准备，或者说，乃是性行为的预备动作（表现为阳具的勃起及阴道腺液的分泌）。

（一）性紧张

伴随着性兴奋而来的紧张，关系着一个目前尚难解决，但在解释性的过程时又显得极为重要的问题。尽管心理学界对这一问题仍然众说纷纭，我还是坚持认为，这种紧张感无论如何都有不愉快的色彩。在我看来，这种感觉本身无疑会造成一种想要改变其精神状态的行动，其表现是浮躁不安。这当然极不合乎一般所谓性快感的性质。但是，假如我们反过来把性兴奋的紧张感当作一种不愉快的感觉，我们又会遇到一件与之相反的事实：它最终又会给人一种愉快的感受。这就是说，性兴奋带来的紧张感必然伴随着愉快感。即使性器官尚处于准备期的变化阶段时（如阳具的勃起），便已经伴有明显的满足感。究竟这种不愉快的紧张感与这种愉快的感觉之间，有一种什么样的关系呢？

有关快感与痛感的问题，仍然是当今心理学中最弱的一环，现在我们所能做的，也只能就事论事，尽量避免触及整个结构。首先让我们回顾一下，那些旧的快感区是如何适应于新的秩序的。我们看到，还在性兴奋的准备阶段，它们就已经被委以重要任务。以眼睛为例，它本来离对象的距离最为遥远，但在追逐对象的时候，却是最常用到的。它时常被一种特殊性质所吸引。这种性质乃是从性对象身上发射出来的，一般人常用"美"这个词去称呼这种性质；我们则把这种存在于对象身上的奇妙性质称之为"吸引力"。吸引力一方面造成快感的出现，另一方面又造成性兴奋的剧增，把尚在沉睡状态的性激动唤醒。至于其他快感区的刺激效果，如手的抚摩等，也有着相同之处。一方面是造成快感的准备阶段上的各种变化，这种变化本身引起更大的快感；另一方面性紧张也相应地增加。如果快感不能继续涌现，它便会一举变为极明显的不愉快感。

另一种情况也许能把问题说得更清楚，例如，假如当时有一个尚未达到性兴奋的快感区（如女人的乳房）被人抚摩，这种抚摩本身便会引发快感，但它同时又唤醒了性的兴奋，因而要求得到更多的快感。真正的问题在于，前一种快感为什么竟能引发要求更多快感的欲望。

（二）前期快感的形成机制

然而快感区所担负的使命是相当明确的，上述例子中所做出的结论适用于一切情形。先是它们自身的激动所造成的相当程度的快感，这种快感又增加了紧张感，紧张感又注定造成特定量的动能，以使性行为能够完成。这种行为的最后一部分乃是由一个快感区达到相当激动之后完成的。先是生殖区本身，即阳具的龟头被它的最适合的对象，即阴道的黏膜所激动，经由这个激动所带来的快感，又通过反射而产生动能，最后将性的产物排出体外。这最后一种快感使人达到如醉如狂、飘飘欲仙的境地，与早先的各种快感在发生机制上有着明显的不同。它完全是一种经由排泄而达到的快感满足，力比多的紧张感至此便完全消失了。

对这两种快感（一个是经由快感区的激动，另一个得自精液的排泄），我认为极有必要赋予不同的名称，以便把它们区别开来。我们把前一种快感称为前期快感（forepleasure）；把后一种快感，即性活动得到最后满足的快感，称为终极快感（endpleasure）。前期快感大体同儿童期性冲动所获得的快感相同，但幅度较小；终极快感则是随着青春期的变化，最新才出现的。有关快感区的这一新功能，我们可以用下面的公式化语言加以表达，这就是：儿童期所取得的前期快感形式，均为这种新的功能贡献一份力量，以便在最终的满足里得到更大的快感。

最近我又在精神生活的另一个极为不同的领域里，发现了类似的情形，这就是：少量的快感可以诱发出更大量的快感。在这一领域中，我们也有机会更深入地探讨快感的性质。

但是，前期快感与幼儿生活之间可能出现的病态关系，同样也会渐渐加强。在前期快感赖以表达的机制里，的确存在着一种危险，对正常的性目的造成极大的威胁。不管在性的预备过程中的哪一个阶段，假如它带来过多的快感和过少的紧张感，问题就会相应发生。经验证明，这种有害情况之所以发生，是因为这一快感区（或与之相当的"部分冲动"）早在儿童期便已带来了不同寻常的强烈快感。假如再有其他一些有利于使之固着的因素起作用，成年后便会发生强迫性行为——阻止前期快感向终极快感的发展或前进。许多性反常形成的机制就是如此，它们的明显表现就是：在性的整个过程的某一预备动作上逗留不前。

假如生殖区的首要性早在幼儿期便已描绘出来的话，因前期快感而造成的性机制功能的失败便可以得到避免。童年期的后半阶段（即从八岁到青春期），常常有助于此事的形成。在这种年纪，其生殖区的表现已和成人相差无几了，假如这时通过性感区的满足经验到某种形式的快感，它们便是激动的感觉和预备性的变化发生的地方。唯一不同之处在于：它们的结局仍然是漫无目的的，性过程不能继续进行。除了这种快感的满足之外，即使在儿童期里，便已有了相当程度的性紧张。不过这种情况比较稀少，因而不太常见。由此可以了解，为什么在讨论性欲的来源时，我们已有充足的理由去声称，这个过程本身便已兼有性满足和性兴奋了。人们也许早已明白，在我们探讨性的真相的过程中，开始时把幼儿和成年人的性生活分得太清楚了。我们此时不得不做出一些矫正，这就是：幼儿性欲不但表现在偏离正道的人的性生活里，在正常人身上也有着明显的表现。

关于性兴奋的问题

对于那种与快感区的满足同时出现的性紧张感的来源与性质,我们还未曾涉及(令人深思的是,德文中"lust"一词的解释,十分忠实地描绘了性兴奋时的情景:给人带来满足,同时造成更大的性紧张。"lust"一般有两种含义,一义指性的紧张感,另一义指性的满足感)。有人认为,这种紧张感乃是经由某种方式来自快感本身。这种肤浅的见解,非但不可能,而且难以自圆其说,因为在性物质排出的最大快感中,不但不会产生紧张,而且会消除一切紧张。这说明,快感与性紧张的关系只能是间接的。

在正常情况下,唯有性物质的释放才能中止性的兴奋。除此之外,性紧张与产物之间,还有其他种种基本的关系,在那些禁欲者中间,性的活动只能在晚间凭借梦境幻化出来,这种性活动也能释放出性物质,从而带来快感;每一次发泄的间隔虽然不定,但又不是无法预料的。对于梦遗机制的以下解释,似乎很有道理:造成这种性紧张并以这种幻觉式的间接方式发泄出来的,是积聚而未得发泄的精液。性欲可以预先消除这件事,同样说明了这个事实。在没有精液蓄积时,非但性的动作不可能完成,就连快感区的激动状态也消失了。这就是说,即使有了适度的刺激,也不再带来快感。我们由此可以知道,要想刺激起快感区,相当程度的性紧张（或物质积聚）是必不可少的。

我们由此而想到，正是性物质的积聚才产生和维持了性的紧张，我想一般人都会得出这样的结论的。这些储积的性产物会对储存器的器壁造成压力，从而激动了脊椎中枢，这种紧张状态会继续向上传递，最后为最高级的神经中枢所觉察，造成意识上常见的紧张感。如果快感区的激动能增加性的紧张，这只有一个可能的途径：各快感区早已通过生理上的通路与这一中枢区联系着。它们大大增加着激动的强度，如加上适量的性紧张，就可以引发性行为的特殊动作；如性紧张不足，它们便只能刺激性物质的增加。

这种人人都信服（连克拉夫特·伊宾描绘性过程时也很相信）的理论，也有一定的弱点，这就是：它只适于说明成年人的性活动，而忽略了下面三种特殊情况，这三种情况分别是儿童、女人和阉割后的男性。在这三种人中我们根本找不到男人特有的那种性产物的积聚，因而不能用上述方式去解释。但即使在这些人中，各快感区依然会服从于生殖区的统治。但在这些特殊情形中，我们无论如何也不能运用性产物的积聚而得到完满的解释。

（一）内生殖器的过分强调

性的兴奋在相当程度上和性物质的产生无关，这一说法可以在阉割后的男性身上得到说明。他们的力比多常常逃脱了手术阉割的伤害，而得以保持，因为对意欲摧毁的行为，在手术后仍然存在。所以我们听了里格尔的下述观点后，大可不必感到奇怪。

里格尔认为，男性性腺如果在成年之后再除去，便不会对这个人的性心理产生新的影响。这就是说，性腺通常与性欲无关，男人阉割后的情况只不过再一次证实了我们很久以来从卵巢割除中悟出的道理，这就是：性腺的割除并不能消除心理的性特征。当然，如果在青春期之前性心理较微弱的年代里实行阉割，便可以达到以上目的。但在这种情况下，性心理的消失除了因为性腺的丧失外，还有其他一些抑制其发展的因素在起作用。

（二）化学理论

对脊椎动物加以性腺割除（割去睾丸或卵巢）以及对这类性器官施行种种移植手术的动物实验，为解决性兴奋的起源问题投下一道曙光。这些实验皆表明了性物质积聚的重要性。有些人（E.Steinach）已经能通过这种实验使动物的雌雄互变，并且使它们的"心—性"行为（psychosexual）也随着肉体特征的改变而改变。实验发现，在性腺中影响性特征的力量不是存在于产生精子或卵子的部位，而是从那些可称为"青春腺"的间隙细胞的分泌中产生出来。未来的研究很可能会指明，这种青春腺的分泌物也是两性的。因此，有关高等动物的双性理论原来有着解剖学的基础。

当然，它们很可能不是体内唯一能制造这种促成性兴奋及性特征显现的器官。不管怎么说，这样一种新的发现同我们所熟知的甲状腺对性起的作用是极为相似的。我们相信，性腺的间隙组织会分泌出一种特殊的化学物质，经由血液的传输，造成中枢神经系统某一特定部位的变化，从而引起紧张感。有关这种"毒"

性刺激仅表现于某一特定部位的情形，我们常常在某些误入人体的毒素的作用中见到。实际上，即使单纯从理论角度来研究那些导向性过程的单纯毒素或生理性的刺激，也远远超出了我们的能力。

事实上，我对这一假说并没有什么偏爱的地方。我所要吸取的，是它的根本精神，或者说，只保留性作用要受化学变化的影响这一事实。只要保留了这一点，我们就可以对这种现象做出更新的或更合理的解释。就我所知，有一件极为重要，但又很少为人们注意的事实，对这种化学理论是十分有利的，那就是：因为性生活受到扰乱，而导致其病的心理症患者，他们表现出来的征兆，与那些对咖啡或其他东西成瘾的人中毒或突然戒掉时发生的情景有着极其相似之处。

力比多理论

为理解性活动的心理表现（psychical manifestations），我们已建立了基本的概念，这与性兴奋具有化学基础的假设是极吻合的。我们已将力比多的概念，界定为一种量化力量，可对性兴奋的过程与变化进行测量。力比多作为精神过程的背后能量，由于其起源有别当然也就有量的差异，但我们同时认为也有质的不同。之所以对力比多与其他的心理能量做出区分，无非是要做出这样的假设：由于特殊的化学因素（special chemistry），有机体的性过程与营养过程是有区别的。关于性变态与精神神经症的分析表明，性兴奋不仅源于所谓的性部位,而且源自身体的所有器官。这样我们就有了力比多的量化概念,将心理表征(mental representation)称为"自我力比多",它的产生、增强或减少、分配与转移,无疑有助于我们对所观察到的性心理现象的理解。

然而,只有当自我力比多用于性对象的贯注,即变成对象力比多时,才适于精神分析的研究。此时我们看到,它聚集、固着于对象之上,或将对象放弃,游动于对象之间,由此导引着性活动趋向满足,即力比多实现了部分和暂时的消解。精神分析关于移情性神经症(癔症与强迫性神经症)的研究终于使我们对此茅塞顿开。

我们可以对对象力比多的变化进行追踪性的研究。当它从对象撤回之后,便进入了一种特定紧张的悬浮状态,最后又返回自我(ego),再次成为自我力比多。与对象力比多相对应,我们亦可称自我力比多为"自恋"力比多。以精神分析之见,我们只能在无法超越的边界的另一侧观望自恋力比多的活动,并在它与对象力比多之间建立某种观念性的联系。自恋或自我力比多如同一个大仓库,将对象贯注送出又收回。对自我的自恋力比多贯注,是在童年早期就形成的原始状态,虽为力比多的扩散所掩盖,但仍在幕后保持原色。

在神经症和心理障碍中,力比多理论应用"力比多"这一简单明了的概念去表述所观察到的现象和所推断的过程。不难设想,力比多的各种变化在解释疾病,尤其是深层的心理障碍方面起着十分重要的作用。目前所面临的困难在于,我们所使用的研究方法,即精神分析,只可为我们提供对象力比多转换(transformations)的确切知识,却不能对自我力比多与在自我中起动力作用的其他形式做出直接的区分。

因此,目前除了进行某些推论之外,力比多理论不可能有什么新的发展。如果谁跟随着荣格将力比多的意思仅等同于一般的心理本能力量(psychical instinctual force),那么由精神分析观察所获得的所有成果都将毁于一旦。我已说过,性功能具有特殊的化学基础,这一设想对将性本能冲动与其他本能冲动区别开来,并使力比多概念保持在原来的有限范围提供了有力支持。

男女之间的分化

众所周知,男女性特征的明显分化始自青春期。分化的结果对以后人格的发展,与别的因素比较起来,有着决定性的影响。事实上,男女之间在天性方面的差别,甚至在婴儿期便已经很明显了。以性抑制(害羞、厌恶、同情等)为例,它在女童身上就比男童身上来得早一些,而且受阻碍的程度也要小一些。女童的性潜抑倾向更为明显,性的"部分冲动"也多呈现被动的形式。然而快感区的自体享乐活动在两性中却并无多大区别。正因为二者有着这一共同之处,我们就不能断定,在青春期前的儿童时代,便已有了性的分化。至于在自体享乐和自慰式的性表现方面，我们甚至认为，女童的性活动完全是男性风格的。

事实上，假如我们仔细推敲"男性的"与"女性的"这两个词的确切含义，就会得出这样的结论：不管是在男人还是女人身上，力比多都必然是男性的，只有它的对象才分为男人或女人。

有关"男性"与"女性"之间的区别，在常人看来似乎不证自明，但在科学理论中，这一问题却最为混淆不清。它们可以有三种含义，这就是："男性"与"女性"有时表示主动与被动，有时则有生物学的含义，有时则表示一种社会学的含义。三者之中以第一种为最基本和最重要，而且也是心理分析学常常采用的一种。举例说，当本书说到欲是"男性"时，便是指它永远是主动的，甚至在它追逐被动性目标时亦如此。至于"男性"与"女性"的生物学含义，则最容易理解，精子与卵子以及它们各自的不同功能，在这里决定了个体的性别。主动性，以及与主动性有关的种种现象（如强有力的肌肉、侵略性、更强烈的力比多），一般与生物学角度的男性相关，但这种关系并不是不可改变的，因为在某些动物中女性反而是主动者。第三种，即社会学意义上的男性和女性，则是实地观察男女个体之后的结论。这种观察使我们理解到不管从心理学还是从生物学的角度看，一个人都不可能是纯粹的男性或纯粹的女性，在每一个人身上都可以发现两性的特征，他本人也是主动与被动的混合体。

除此之外我还要补充一点，即：女人的主要快感区在阴蒂（citoris），它和男性的阳具相类似。我们观察到的所有女童的自慰行为，差不多全都与阴蒂有关，而同其他一些对以后的性功能相对来说较为重要的外生殖器无关。除了极少数例外情况之外，我们不能设想女童除了阴蒂手淫之外还能被诱导去做什么。女童身上偶发的性兴奋，常表现为阴蒂部位的痉挛。它的经常勃起使女童即使不用特殊关照，也能正确地理解异性的性表现，她们只以自己性过程的特殊感受来猜度男童便成了。

我们如果想了解一个女童如何变成女人，首先应弄清引发阴蒂激动的根源。我们知道，对男孩来说，那使他的力比多得到明显发展的青春期，在女童都是性潜抑得到进一步加强的阶段，这一点尤其表现在阴蒂性活动方面。在她身上的男性特征（开始人是男性的）也在这种潜抑作用中逐渐减少。青春期的潜抑作用在女人身上是性压抑的加强，而在男人身上却是其力比多的进一步被刺激，它的能量也得到增加。随着男性力比多的加强，对"性"的估价也愈来愈高，而女人愈是拒绝和愈是否认其性欲，对方对她的估价也就愈高，由此便导致一场男对女的追求。性行为一旦开始，首先激动起来的自然是阴蒂。阴蒂的作用是把这种激动传达给与之紧邻的女性性器官上面，这就好像是用一小堆易燃的干松枝引起硬木的燃烧。然而这种刺激的转移作用又常常需要一段时间，在这期间，年轻的新娘全无感应。假如阴蒂区不愿放弃其激动的状态，这种麻木不仁的现象可能就要持续很久，这常常是婴儿期性活动过度的结果。我们都知道，女性性冷淡常常是表面上和局部的，她们的阴道虽然麻木，其阴蒂和其他快感区却绝非不能激动。导致性冷淡,除了生理的因素之外,还有精神上的因素,但它同样也受潜抑作用的影响。

假如性感的激动能顺利地从阴蒂转移到阴道上面,以后女人性活动的首要区就会完全改变;比较而言,男人从儿童到成年期的整个过程中都无需这种变换。女人之所以容易患心理症(尤其是歇斯底里症),其根源就在于女性的首要区的转换以及青春期的潜抑作用上。这样一些现象同女性性质是密切相关的。

寻找性对象

生殖区的首要性在青春期得到正式确立。这之后,男人那勃起的阳具便急切地要指向新的性目的——穿过那能够激动其生殖区的"空洞"。再则,从儿童时代便已开始的对象寻找的准备工作,在这一期间也已经在心理上完全准备就绪了。最初,当性满足仍然与摄取营养的活动合为一体时,性本能就指向一个存在于婴孩体外的性对象,这就是母亲的乳房。以后,当小孩认清了那个使他得到满足的器官属于另一个人的人体时,性本能便失去了性对象。在这种情况下,性本能就变成了"自体享乐"。直到这一潜抑期过去之后,与性对象的关系才得以重建。这就难怪吸乳的婴儿被当作一切爱恋关系的原型了。因此,在这之后的任何一种对象寻找,只不过是对这种爱恋关系的重新发现而已。【精神分析学告诉我们,对象寻求一般有两种方法,第一种是"依赖性的"或执着性的（执着于婴儿期的原型对象）；第二种是自恋性的，这就是在人群里重新寻找自己的"自我"，后面的方法更容易导致病态。本文论及的第一种，与后面一种无关。】

（一）婴儿期的性对象

但是，即使在性行为同摄取营养的活动分离之后，这种最原始和最具威力的性关系仍然存在。它总是促成对象的选择，重建那失去的（与对象结合的）快乐。在整个潜伏期内，儿童都在学习怎样去爱那些满足他们的要求和使他们从失望中跳出来的人，这其实只不过是那种吸吮母乳的原始性感模式的一种延续。

这种把儿童对照料者的爱恋和尊敬视之为性爱的做法，某些人听起来很不顺耳。我认为，如果精神分析能更深入一步的话，上述事实是一定会被证明的。孩童与任何照料者之间的交往，都会源源不断地带给他性的激动以及快感区的满足。通常情况下照顾他们的总是母亲，而母亲对幼儿的感情又源自于她本身的性爱：她总是抚摩他，摇晃他，甚至吻他，明显地把他当作一个完整的性对象。如果母亲发现她所有的爱抚行为都会激发孩子的性本能和加强这种性本能在日后的强度，她或许会感到自责的，因为在她看来，这一切爱抚都是正常的，是一种纯洁的爱，与性无关；更何况她在这种爱抚中除了不得已之外，总是有意避免触动小孩的性器官。但我们知道，性本能并不是只有在生殖区受直接刺激时才激起的，即使那些被人们当作与情爱无关的动作，日后也必会影响到生殖区的感受。

最应该明确指出的是：如果母亲多了解一些性本能在整个心智生活的发展（包括一切道德和精神的成就）中的重要作用，她的这种知识就会使她不再过多地责怪自己了。归根结底，她只不过执行了她的天职，教导孩子如何去爱。不管怎样，一个小孩必须成长成一个性欲旺盛的健康男人，在一生中任何刺激都会激惹起性的行动。当然，父母的过分溺爱会引起孩子的性早熟，从而造成危害。因为对这些被宠惯的孩子来说，一旦长大之后，他们就会受不了哪怕一丁点的爱抚的失去或减少。小孩会永不满足地要求父母的爱，这也是他将来会变成心理症患者的最清晰的迹象。反过来，那些具有心理病态的父母，比起来，也更容易表现出过分的情爱。他们的这种过分宠爱的行为会使小孩沾染上心理症的症状。这就是说，那些患心理症的父母往往把他们的疾病传给子女，这种传递是经过一种比遗传更便当的途径进行的。

（二）幼儿不安

对儿童本人来说，他从小就表现得好像知道他们对照料者的依赖有着性爱的意味。儿童不安的根源就在于他们害怕失去自己所爱的人。因为同一个缘故，他们也害怕每一个陌生人。假如握着亲人的手，他们在黑暗中也不感到害怕。有些人往往指责保姆，说她们讲的妖怪和吸血鬼的故事把孩子吓破了胆，其实这是高估了这些故事的功效。实际上，只有那些本身有着胆小倾向的小孩，才会被鬼怪故事吓倒，对于其他小孩来说，在听这种故事时是无动于衷的，只有那些随着过多的抚爱、性本能过分、过早发育和难以让他们满足的小孩,才变得如此胆小。

在这一点上,小孩同成人是相似的,当他们的力比多不能满足时,便把它化为不安和焦虑。反过来说,当成人因力比多不能满足而焦虑不安时,也表现得像个孩子:一个人独处时,就觉得害怕。这就是说,一旦他离开所爱的人,便失去了安全感,并试图用一种带孩子气的方式来缓解这种恐惧。(这里对"幼儿不安"之根源的解释,我的灵感得自于一个三岁的男孩,当时他在一间黑暗的房间里大叫:"姑姑,跟我说话,这里很暗。我害怕!"他姑姑回答说:"那有什么用处,你看不到我。"孩子回答:"不,如果你说话,这里就不暗了。"这说明,他害怕的不是黑暗,而是他所爱的人离开他。他自己心里明白,只要能证明他爱的人仍在附近,也就安心了。精神分析在这里得到一个重要收获。心理症的焦虑不安,来自于力比多,或者说,是力比多转化的产物,二者关系有如醋和酒。对这个问题的探讨,可参阅我的《精神分析引论》第二十五章。不过即使在那一章中,问题也没有完全澄清。)

(三)乱伦的堤防

由此我们得知,双亲对儿童的过多情爱有可能过早地唤醒其性本能(也就是说,还在青春期的生理状态未达到之前),致使其心荡神驰,最终在生殖系统中表现出来。假如儿童幸而躲过了这一关,他成年之后的柔情将指导他如何去选择对象。儿童选择性对象的捷径无疑是用他童年期间那具体微妙的力比多爱恋对象为其对象。但由于性成熟往往向后延迟,所以他们仍有相当充裕的时间,去建筑起防止乱伦的堤防和其他一些对性施加抑制的途径;这选择活动自然导致了一种血亲不可通奸的道德律令。这样一来,便在其对象选择活动中,排除了他童年所爱恋的人。对这道堤防的敬畏,从根本上来说,是社会所确立的一种文明要求。社会总不愿使家庭的关系过分亲密,以至阻碍了更高级社会单位的形成。正因如此,社会中每个人(尤其是青春期的男孩)都会竭尽其所能,疏松他和家庭之间的关系——这是一种在儿童时代独一无二和一刻不可缺少的关系。(这种阻止乱伦的堤防可能是人类发生史上的一项成就,它和其他道德禁忌一样,在许多人身上已成为一种遗传的天性;但是,精神分析仍发现,个人对这种乱伦诱惑力的反抗是很吃力的,他们常常幻想甚至实际上超过这道堤防。)

但是,对青年人来说这种最早的对象选择只在他们的想象中出现。青年人的全部性生活也都局限于纵情的幻想之中,这些幻想绝大多数都不易实现。在这些幻想里,幼儿期的种种倾向会一再显示出来,但这时已经与幼儿期有所不同了——主要是已有肉欲的成分参与其中了。在这些倾向中,最重要的是孩子对父母亲的性冲动,他们已经按照不同的性别分别受到自己异性的母亲或父亲的吸引了。这就是说,儿子总喜爱母亲,女儿则亲近父亲。随着对这种明显的乱伦幻想的克服和放弃,青春期中最重要和最痛苦的精神历程也就得以完成了,这就是脱离父母的管制。这个历程对文明的发展有着重要的价值,因为只有发生这一事件,上下两代之间的对立才可能出现。当然,在人类必须经历的每一个发展阶段上,总会有些人因受到阻挡而裹足不前。在这一阶段,某些人也不能摆脱父母的管制,只能不情愿和不安全地撤消对他们的情爱,有些则干脆就不能撤回。女儿在这方面表现得尤为明显,往往在到达青春期之后,她们仍然保留着全部幼儿式的爱,这种爱会使父母感到极为欣慰;但令人深思的是,这样的女孩在结婚后往往不能尽到妻子的本分,她们往往是冷淡的妻子,对房事显得似乎可有可无。由此可以看出,性爱与对父母的纯净之爱原是出于同一个根源,只不过后者是幼儿期的力比多转移到了人体的某些固定位置而已。

我们愈是深入觉察病态的"心——性"发展,就越能发现乱伦式的对象选择的重要性。由这种性"放弃"所造成的结果是,心理症患者用来"寻找对象"的"心——性"活动的全部或大部都闭锁在潜意识里。那些一方面过分渴望情爱,另一方面又过分恐惧性生活的真正需求物的女孩,不可避免地要在其性生活中实现其所谓的"非性爱情理念",或是把自己的力比多隐藏于一种不会引起自责的情爱之后,这就是将自己的生命紧紧依附在幼儿期的爱恋上。这种对父母或对兄弟姐妹的爱恋,大都复苏于青春期。精神分析可以直接告诉这种人,他们事实上正在同自己的血亲恋爱;因为透过这种症状和这些症状的其他一些表现,精神分析已经摸清了他们潜意识中的思想,最后又把这些潜意识的东西转译成意识的东西。同样，当一个健康的人因失恋致病时，同样也是因为他的力比多退回到自己幼儿期所依恋的对象上所致。

（四）幼儿对象选择以后的影响

即使一个人能有幸地逃过幼儿时期的原始性欲到乱伦方面的倾向，也不可能全然摆脱它的影响。我们经常看到，一个年轻男人的初恋对象，往往是一个成熟的女人，女孩也会不知不觉地爱上一个有权有势的老人，这明显是我们刚才所讨论的那一阶段发展历程的余音回响。其实，这样一些被爱的人，只不过是他们的母亲或父母的活生生的身影，有时虽不太明显，但每一次对象选择，几乎都离不开这种原型。对于男子来说，总在寻找一个能替代其母亲形象的女人，因为这个形象从他幼小的时候，便已占据着他的心灵；因此，如果他的母亲仍然活着，母亲就有可能对这个替代她的人十分不满，甚至充满敌意。由于幼童与父母之间的这种关系在决定他后来选择性的对象方面极为重要，所以任何一种对这种关系的干扰（或损害），都将对他成年时的性生活产生极为严重的影响。即使是情人的嫉妒心理，也要追溯到其幼年的情况，或者至少要受到幼年经验的强化。如果双亲之间不时发生争执，或者他们的婚姻不愉快，他们的儿子便很有可能在性的发展中发生错乱，甚至出现心理症。

儿童对双亲的情爱乃是幼儿心灵中的最重要的内容，它往往在青春期重新苏醒，对他的性对象的选择方向起指导作用。但这并不是影响性选择的唯一力量，其他一些恒久的素质，同样也源自童年的经验,这使他的性发展不止指向一个方向,影响其性对象的选择的原因也是极为复杂的。(人类情欲生活的表现复杂多样。恋爱时那不克制的性质若不是追溯其童年影响的持续,是难以理解的。)

(五)性倒错的预防

在性对象选择中必不缺少的一点是,它必须指向异性。但我们都知道,要想指向异性,并不是轻而易举便能达到的。青春期后的初次行动免不了会迷失方向,通常情况下,这种迷失尚不至于造成严重后果。德索(Dessoir)曾于1894年正确地指出,青春期的男孩和女孩,常常和同性结成感情的伴侣。能够抵制性对象的这种永久倒错的最强大的力量,无疑来自于异性性特征间的相互吸引力。当然,我们并不打算在这儿阐明此事,但必须指出,仅仅这样一个因素还不足以消除性倒错,消除性倒错的还有其他因素,其中最主要的是社会性的权威禁忌。在那些不把性倒错视为违法的地方,总能发现有相当多的人表现出这种倾向。另外,我们还看到,男人在幼儿时代受到其母亲或其他女性照顾时的情爱,总会出现于日后的记忆中,这本身就是一股强大的力量,引导他们去接近女人;另外,出于他们早年的性活动总是受到父母的阻挡,便使之与父亲之间形成一种竞争关系,这种关系也有利于他们远离同性。

上述两种因素也适用于女孩,她们的性活动是时时受到母亲的监视,从而对同性滋生了一种敌对情绪,这对她们日后的性对象的选择有着决定性的影响,使之走上正常的方向。那些受男人教育的男孩(在古代,老师总是由奴隶充当),似乎更容易导向同性恋。今天,那些出身贵族名门的男人最多出现性倒错,其原因只能归结于他们多使用男仆以及母亲对儿子的疏远。我们在某些歇斯底里患者中发现,那些因为父母离婚、分居或过早死亡而失去父母一方的孩子,其全部爱情皆被剩下的一个所吸收,因而决定了这孩子在日后选择性对象时所期望的性别,终于导致了永久性的性倒错。

总　结

现在是应该对以上的论述加以概括的时候了。从性本能的对象和目的方面的变态现象出发，我们探究了这些现象究竟是出自于先天倾向，还是来自于后天的经验。依靠精神分析法的帮助，我们很快地弄清了那些离正常状态还不太远的为数众多的心理症患者的性本能状态，从而解答了上述问题。

我们在他们的潜意识里发现了每一种性反常倾向，这种反常倾向被证实是造成心理症症状的重要因素；因此，我们也可以这样说：心理症其实是性反常的另一种表现（或负面表现）。

鉴于性反常现象的广泛存在，我们便得出结论说：性反常这种特性乃是人类性本能中最基本和最普遍的癖性；在成熟的过程里，唯有经过机体的变化与精神的压制，性行为才能得到正常的发展。我们由此而希望去证实这一基本癖性在幼儿期便已存在。有许多限制着性本能发展方向的力量，这就是我们上面所指出过的羞耻感、厌恶、怜悯、社会所建立起的道德规范以及各种权威力量等等。

这样一来，我们便把一切脱离常态的性变异看作是整个性发展的中断和幼稚病。一方面，虽然上述基本癖性（性反常）有各种不同的形态，但它们同真实生活的影响力之间乃是一种相辅相成的关系，而不是相互对立；另一方面，既然这些根本癖性并不单纯，性本能本身当然也就应看作多种因素的聚集。但在性反常现象中，这些因素却又一一分离出来，形成各自为政的局面。因此，性反常一方面可以说是正常发展的中断，另一方面是正常本能的分崩离析。所有这一切都意在指出，成年人的性本能来自幼儿期的多种行动。这多种行动组织合并起来之后，又指向一个单一的目的。

在解释了为什么在心理症患者中性反常倾向占据优势之后，我们又证明了，这种倾向的主流一旦被"潜意识作用"阻止后又如何导向旁道而形成病态症状。由此我们很自然地探讨了儿童时代的性生活。我们发现，人们极为错误地否定了幼儿性本能的存在，他们的性表现也被视为不正常或不常见。我们的研究证实，这种看法完全脱离了事实，幼儿性活动的根基是与生俱来的，其实，还在摄取营养的时候，他们便享受了性的满足；后来他们又常常通过吸吮手指等类的活动对这种满足的体验进行重复。但看起来幼儿的性活动并没有同其他身体功能同时并进，在经过了二岁到五岁间的繁盛期之后，它又进入了所谓的潜伏期。在这一期间，性兴奋虽不曾中断，能量的积存却在继续着，但主要是用来达到性以外的目的——一方面使性的成分带上社会性情感的盔甲，另一方面又通过潜抑作用和反向作用建造起日后用来防阻性欲的堤防。

由此可以得知，把性本能限定于某一特定方向的力量在幼儿时代就已经打好了基础，以后经过教育的帮助，舍弃了反常的性行动，最后才得以完成。在幼儿期的性行动中，有一部分可能逃过这些而表现为性活动。

另外，我们还发现了幼儿的性兴奋的多种来源，其中最多的，也是最重要的来源，是从快感区的适当兴奋中得到的满足。我们认为，皮肤的任何一个部分以及任何一个感觉器官，都很可能是一个快感区，只不过有些快感区特别敏感，稍受刺激便借助某种机制而兴奋起来。其实，性兴奋只不过是机体中许多活动达到一定程度时的副产品，尤其是那些伴有强烈感情因素（不管是苦与乐）的机体活动，就更容易引起这种性的兴奋。所以说，在性本能尚未与对象相结合的幼儿时代（开初时当然没有性对象），其性兴奋的主要特征是自体享乐的。

一个不可怀疑的事实是，生殖区快感似乎远在童年时代就已经露出痕迹。它可能以两种形式出现，一种是同其他快感区一样，在适当的感性刺激之下获得满足；另一种是通过一种我们尚不清楚的方式，从其他一些来源中获得满足（如通过一种特殊的联系渠道，同时造成快感区的性兴奋）。令人遗憾的是，我现在还不能对性满足与性刺激阈、生殖区与性欲的其他来源之间的关系，提供令人满意的解释。

我们从心理症的研究中发现，在儿童性生活刚刚开始之时，性本能的诸成分便已经开始聚合。开始时，是由口唇快感扮演着主要角色；第二个性器官前期的聚合则以肛门快感和虐待癖的出现为特征；只有到达第三期时，真正的生殖区才参与其中，性生活最终定型。

这之后我们又惊异地发现，在幼儿期性生活（从二岁到五岁）中，其实早已开始了性对象的选择，在这一选择活动中，所有的心智活动差不多都牵扯进去了。因此，虽然这一阶段各种不同的本能成分尚未汇聚，性目的也不确切，但性活动在这一时期的发展，乃是以后形成确切的性体系的预备和重要先驱。

人类的性发展被潜伏期分离成两个阶段，这件事值得引起注意。我认为，这也许是人类文明发展不可缺少的条件。但它有时又带来了心理症倾向。据我所知，在人类的动物近亲中，还没有发现这种现象。我认为，人类的这种特性很有可能开始于人种刚刚出现的史前期。

现在我们还不能明确地肯定，幼儿期中究竟有多少性活动属于正常的，不会危及其未来发展的活动。幼儿性表现大部分是自慰性质的。许多经验证明，外在的影响和各种引诱，可以导致潜伏期的中断或者停止，这就引发了儿童性本能的各种各样的性反常表现。可以这样认为：任何这类早熟的性活动，都将减低儿童的可教育性。

虽然我们对幼儿期性生活的知识了解还不太完整，缺点漏洞很多，但仍然不得不继续探讨青春期的来临所带来的各种变异。我认为，在这一期间有两件事是关键性的：1. 所有性兴奋的其他来源都开始服从于首要的生殖区；2. 开始了寻找性对象的历程。这两件事在幼儿时代仅仅有所萌生，前者是经过"前期快感"机制而得以完成的。这就是说，在以往，虽然有性的兴奋和满足，但基本上是自体之内的，现在却变成了一种为达到新的性目的（性产物排出）的预备性动作，这个新的性目的的形成，将带来无比的快感，使性的兴奋消失。在这之后，我们又探讨了性欲中男性与女性的分化。我们发现，要想真正成为一个女人，青春期的女人还必须再经历一段潜抑作用，抛弃幼儿的男性性特征，以突出其首要的生殖区。至于对性对象的选择，我们发现，真正左右其选择倾向的，是幼儿对他的父母或照顾者的爱恋，这是一股潜伏于童年期，至青春期又复苏的力量。但是，由于防止乱伦的堤防已经建立，对象便不再可能是他们（父母或照顾者），而是同他们相似的外人。最后我们还需要指出：在这一段位于中间阶段的青春期里，肉体与精神两个方面的发展在一段时间内并不平行，直到有一天，强烈的情欲行动震撼了生殖器的神经系统，才使情欲功能的身心两个方面合为一体，从而达到正常状况。

（一）阻止性正常发展的因素

在这一漫长的发展历程上，每一步都有可能受到阻止或固着。诸种力量汇合时的任何失败，都有可能造成性本能的分崩离析。对于这一点，我们早已在许多场合中指出了。现在我们所要进行的，是对种种干扰发展的外在因素和内在因素分别加以评判，弄清楚它们究竟通过一种什么样的机制，才造成这种伤害。以下我们列举的因素，不可能每一个都重要，但如果要一一加以评判，那自然还要有一种勇于应付困难的勇气才行。

（二）体质和遗传

我们最先想到的自然是"先天性"的变态性体质。这也许是所有因素中最应该看重的部分，但它只能从患者日后的表现中去推知，因而不能确切弄清。总体上说，造成这种变态的原因，可能是由于性兴奋的许多来源中有一两种特别强化的缘故。但是，即使在正常人身上，这种癖性强弱不等的情况，也是存在着的。由此我们又推知，很可能有一种完全不受其他因素影响的因素直接导致了这种异常的性生活。对这种生活，我们可以称之为"变质性"的。这种"变质性"又是由遗传而来。有关这一点我是深有感触的。在我以精神分析法治疗过的患严重歇斯底里症和强迫性心理症等患者中，我发现有半数以上病人的父母在婚前得过梅毒，有些还得过脊髓痨或全身麻痹症，有的则在其病历上查到以前患过某种病毒感染。当须特别加以声明的是：梅毒本身是不会从父母遗传给子女的，从那些后来患心理症的儿童身上，绝对看不到患遗传性梅毒的征兆，梅毒遗传的唯一影响，是他们那变异的体质。我并不主张父母患梅毒是导致子女心理症体质的必不可少的原因，但是我仍然相信，我所发现的这层关系，绝对不会是偶然的或不重要的。

关于性反常的遗传情形则一般不易为人所知，因为患者总是有意地避开人们的调查。但我们仍有理由把心理症方面的情形应用到性反常现象上面，因为我们常常发现这样的情形：心理症患者与性反常患者往往来自同一家庭。这种病症在两性之间的分布上,也十分有意思,假如一个家庭有一个男人(或几个)患了"正面的"性反常症,其女人必然会在其天生的女性潜抑倾向的作用下,成为"负面的"性反常者(即歇斯底里症患者)。由此可以判定,这两种病症之间存在着一种必然的联系。

(三)后天的影响

从另一个角度讲,假如有人认定,构成性生活的各种体质因素一旦形成,便即刻决定了性生活的样式,我们同样不能同意。在我看来,在这样的情况下,那种种制约着"性"的力量仍然会发展出来,而且每一种力量都构成性欲的一个支流,它的强大和削弱,都会产生直接的影响,这些后天的影响往往决定着最后的结局。那些大体相似的体质一般会受到下面三种后天的影响,从而导致差别极为悬殊的结果。

1.潜抑作用。假如在发展过程中,这种过于强大的先天性倾向受到潜抑作用的钳制(当然绝不会被彻底废除),最后的结局将大为不同。在这种情况下,兴奋固然会像以往那样出现,但它们在精神上已受到阻碍,因而不能达到目的,最后只能走上旁门左道,以病态的形式表现出来。其性生活可能相当正常(就有限的意义说),不正常只表现在心理上。经由精神分析法对这种心理症的分析,我们现在对这种病症已相当熟悉,这种人的性生活开始时与性反常患者极为相似,大部分患者早在幼儿阶段就已经有了性反常行为,有些还将这种性反常行为持续到成年之后。这时,由于某些内在的原因(通常是在青春期,有些还要晚些),

潜抑作用开始出现，性行为于是受到阻止，从此之后，心理症便取代了性反常状态，然而现有的性冲动仍然存在。这正如那句格言所说："年轻的妓女会变成老尼姑。"只不过在上述情况下，"年轻"的时间持续得太短罢了。总之，性反常可为心理症所取代这一事实，明确地告诉我们，它也像我们以往所提到的"性反常和心理症可以同时出现在一个家庭的不同性别的成员"的事实一样，同样证明了心理症乃是性反常的反面。

2.升华作用。先天病态倾向发展中受到的第二种影响是升华作用。这种作用能使得性欲的过强激动找到一个出口，从而对其他方面作出贡献。这使得本来是一种极具危险性的倾向，成为一种能大大提升精神工作效率的因素。从这里我们发现了艺术创作的一个源泉。我们曾经通过对升华作用的完全或不完全的解析，对那些有着高超的天资和艺术气质的人物的性格做了有意义的探讨，这种探讨发现，这种人的性格乃是高效率、性反常和心理症三个方面以不同比例混合而成的总体。

另一种升华作用表现为反向作用造成的压抑，这种压抑在幼儿潜伏期中就已表现出来，在有利的条件下甚至可以持续终生。我们所说的一个人的"性格"，其建构材料中有相当一部分是性方面的东西，另外还有自幼儿时代便已固着的本能行动，经过升华之后而达到的成就，还有其他一些用来有效地防止无用的反常性冲动的装置。幼儿期的种种奇特的性反常因素常常是我们一部分德性的来源，因为它们均能通过反作用，刺激德性的成长。

【左拉对人类天性有过相当敏锐的观察，他在《生之欢乐》中曾描述过一个愉快而无私的小女孩，她能毫不犹豫地为她爱的人牺牲自己的一切（金钱、对未来的希望等）；然而这个小女孩在幼年时却大不一样，她总是渴求别人的照顾，稍不称心或稍被冷落，便发脾气，表现出一种近乎残酷的行为。】

3.性欲的释放。假如我们认为这种异常的先天倾向在发展中仍然保持其原来的构造关系，它就应该随着成熟期的到来而变得更加强化，其结局无疑是反常的性生活。人们对这种异常先天倾向的分析，到今天仍然没有得到一个像样的结果，但有些例子同这种解释是相当吻合的。许多这方面的专家主张，这种性反常的固着必有特定的前提，这就是：其性本能天生就比较弱。这种极端的见解我当然不能完全同意，但只要换一换说法，事情就比较明显了，这就是，这种性反常的前提乃是因为构成性本能的某一特殊部分——生殖区——的先天性脆弱，由于这种脆弱，就不能使其他性活动统一于它的统治之下，致使它们的活动分崩离析，不能为生殖功能服务。换言之，由于生殖区的软弱，青春期内原本应该发生的各要素的聚合现象便不能发生，致使性欲中其他一些较强的部分取而代之（代替生殖区），从而形成了性的反常。

（四）偶然性的因素

在性发育的整个过程中，再也没有别的影响力能和潜抑作用、升华作用和性欲的释放这三种后天因素相提并论的了。对造成前两种作用机制的内在原因，我们还不太清楚。潜抑作用和升华作用也许可以当作先天素质的一部分，或者说，仅仅是此种素质在生活中的表现。每一个持这种主张的人，必定会得出"性生活的最终形态乃是先天体质自然发展的结果"的结论。但明眼人不难看出，个人在儿童期和成年期内所经历的某些偶然事件，必定也会对性的发展产生一定的影响。在这种发展中，先天体质因素与后天偶然因素相比，究竟谁重要一些？现在还难以做出评判。仅凭理论推断，我们也许会高估前者，但医疗实践都一再强调后者的重要性。而我们绝不可忘记，这两者之间乃是一种相辅相成而不是相互排斥的关系。体质的因素必须等待具体经验的刺激，才能表现出来；反过来，偶发因素自然也要有体质上的基础，方能生效。在大多数例子中，其实都有一种"互补体系"在起作用，这就是说，其中一种因素的消减，必定伴随着另一种因素的增强。当然，我们也不否认有一些特殊的例子，作为这两个极端情况的一种而存在着。

假如我们比较注重童年期的早期经验所造成的偶发因素，我们的观点就更加合乎精神分析学的观点。这样一来，我们就可以把单一的病因体系划分为二：一种是气质的（dis-positional），另一种则是确定的（difinitive）。前者包括天性和偶发经验，聚合为一种素质；后者则纯属日后的创伤经验，所有伤害"性"的发展的因素，都会造成一种退化作用（regression），使人回复到较早期的发展上去。

现在让我们再回到原来的题目上面，一一列举那些作用于或影响着"性"发展的因素，其中有一些，本身就是一种作用力，有些则是这种力量的表现。

（五）性早熟

在这些因素中，最明显的是性早熟。性早熟无疑是心理症的病因之一，但它还不能成为这种病症的根本原因。早熟表现为幼儿潜伏期的中断、缩短和中止，而其性的表现总是反常或错乱的，这一方面是由于性抑制不完全，另一方面出于生殖系统的发育不全。这种错乱的倾向可能持续下去，也可能经由潜抑作用而成为造成心理症症状的动因；但不管怎样，性早熟总会使得高级的心智能力在日后更难控制性本能。除此之外，它还增加了性本能冲动在精神上的表现。性早熟常常同其他智能的早熟同时出现，这样一来，它就往往出现于一些能力强、智力高和名声特大的天才人物的幼年时代里。当然，在这种情况下（即与智能同时早熟的情况下），它无论如何也不会像前面单独出现时那样，有着致病的危险。

（六）时间因素

同性早熟一样，其他一些因素还与发生时间的早晚有关，这很值得研究。各种本能行动开始出现的时间顺序似乎早在物种发生史中便已经决定了，从它们的出现到它们被新出现的本能冲动所取代，或经过某种强有力的潜抑作用而窒息，所经历时间的长短，都是一定的。但是，即便时间顺序和时间长短方面，同样也有变态现象存在，这种变态常常对最终的结果起决定性的作用。

一种倾向与另一种与之相反的倾向之间在出现顺序上谁先谁后,是至关紧要的,因为潜抑作用的效果不可能逆行,时序关系上发生的变化,往往导致另一种完全不同的结局。另一方面,那些极为强烈的本能冲动.往往只能维持很短的时间,举例说,那些在后来表现为同性恋的人,最初时与异性关系中的冲动就相当强烈。那些在童年期表现得奔腾激越的情感,不一定会保持下来并继续控制成年人的性格,最后它们很可能趋于消失,而由一种完全相反的倾向代替。目前我们还不敢涉及整个发展过程中为什么会出现对时间顺序的干扰的问题,这恐怕涉及着种种生物学甚至历史学的问题,有待人们做进一步探索。

(七)早期印象的持久性

"性"的种种早期表现在人的发展中起着十分重要的作用,这恐怕是由一种还不十分清楚的精神因素决定的,对这种精神因素,我们现在还只能假定它是一种心理观念。我个人认为,为了与事实相符,我们必须想到,凡是后来变成心理症患者或性变态的人,都对早期性印象有着持久的或敏感的反应;因为同样的早期"性表现",其他人对其并没有深刻的印象,他们不至于身不由己地对其加以重复,也不会让性本能终生肆虐横行。这种早期经验的持久性有可能取决于造成心理症的一个不容忽视的精神因素:这种病人内心往往充满过去记忆的片断,这些片断远超过其新近的印象。事实证明,这个因素明显来自心智教育,而且与个人文化程度的高低成正比;与此相反,野蛮人则往往被称为"只生存于这一瞬间（当时）的可怜的孩子"。由于文明与性的发展之间有着反比关系（我们现存的社会结构就是这种反比关系的结果），儿童的性生活过程对低级的社会文化形态并不重要，对高度发展的社会而言，却是异常重要的。

（八）固着作用

刚才提到的许多精神因素，再加上某些偶发经验的刺激，构成了幼儿性欲得以发展的温床。后者（即偶发经验，特别是其他孩子或成年人的引诱）往往凭前者之助，固着为永久的性异常。我们在后来性生活的变态现象以及心理症中看到的那些对正常性生活的偏离，根子大多都出在幼儿早期印象里（许多人仍以为这一时期没有性欲），造成这种症状的直接原因，则包括体质、性早熟、早期印象之持续性地增加以及性本能因外界影响而受的刺激。

最后必须承认，对性生活的上述探讨，仍有许多令人不能满意的地方，因为我们对构成性欲本质的生物学历程仍一无所知，所以不能从我们零散的知识中构造出一套足以包含常态与病态情况的理论来。

下篇
爱情心理学

下篇：爱情心理学

第四章 男人如何选择对象

造成"爱恋"的条件是什么？或者说，男人和女人根据什么去选择自己的爱恋对象？当现实生活中找不到合乎自己理想的对象时，他们又是如何以幻想来满足自己的要求的？这一向是一个由诗人和想象力丰富的作家们描述和回答的问题。

在这方面，文学家们的条件的确优越，他们来做这件事情是再合适不过了：他们有着敏锐的知觉，能对他人的潜在情感生活做出清晰的透视，而且更有勇气来揭示自己的无意识心灵。然而从探求真理的角度来看，他们作品的价值又往往因为下面的原因而大受削弱，这就是：文学家们往往要受到某些条件的限制，他们不仅要影响读者的情绪，还要激起人们理智上的和审美方面的快感。

鉴于此，他们在创作时就不能照实直录，例如，他们不得不把真实发生的事情的某些部分舍去，为的是防止无关紧要的东西干扰，然后再用别的材料去填补这些空隙，对整体的统一下一番粉饰功夫。对文学家的这种特权，我们可以称之为"诗的破格"

（poetic licence）。

　　文学家虽然描述生命，但对种种心理的起源、发生与发展等，却不太注意。因此，为了最终解决问题，我们还必须借助科学，对这些诗人们反复玩味和几千年来不断给人带来快乐的材料，做一番深入探讨。

　　当然，科学在解决这些问题时，有时免不了笨手笨脚，其结果也恐怕不那么令人愉快，但这种不愉快的反应，却正从反面证明，我们对两性之爱或其他事情的研究，是完全合乎科学的（而不是艺术的）。科学研究愈深入，我们就愈加认识到，人心在容忍对"快乐原则"的违背方面达到了多么高的程度。

　　精神分析家在治疗病人时，常常能深入心理症患者的情欲世界，并对此印象深刻。有时候他们还注意到（或听说过），甚至某些身体健康、德智高超的人也有着同病人一样的表现。假如他运气好，观察和收集到足够的材料，心中便可能得到一些明确的印象，促使他把人们的恋爱方式归纳为种种不同的类型。

　　男人对于性爱对象的选择，有很多类型。我首先讨论的是其中的一种类型，它受到一系列爱情条件的约束——并非那么容易理解，常使旁观者（或自己）感到大惑不解，然而当我们使用精神分析法去解释时，却可以得到较清晰的解答。

　　1.在这类人的爱情选择条件中，有一条最为明显，而且不可缺少（每一次当你在某人身上发现这一特征时，就可以把他归于这一类型。如果继续寻找，还可以发现这类人应具有的其他一些特征）。对这一条件，我们可以这么表述："他们任何情况下，都不能缺少被伤害的第三者。"换句话说，这种人绝对不会去爱那些无所属的女人，如少女或寡妇等。他们所爱的女人，永远是那些被别的男人爱过或占有着的，不管这些男人是丈夫、未婚夫还是情夫。在某些极端的病例中，那些无所属的女人永远激不起他们的爱欲，有时甚至会受到他们的鄙视，直到这些女人与别的男人扯上了关系后，对他而言她们才突然变得可爱起来。

2.第二种条件可能不多见，然而也很引人注目，而且我们所讨论的这一类型，也正是第一种条件与这第二种条件以不同程度混合而成（也有时仅由第一种条件构成）。这第二种条件就是：凡纯洁善良的女人，对他们均没有爱情的魅力，情爱的诱惑力永远来自那些生活不太检点的女人。这种特征本身也差别悬殊，从爱上一个妖艳而稍有艳闻的有夫之妇，到情夫众多、有如妓女的"大众情人"，凡此种种。他们要的就是这种味道，说得粗俗一点，这种条件可称为"非荡妇不爱"（或"青楼之恋"）。

这类人的爱情似乎总离不开这两个条件，前一种条件满足他的敌对情感，使他能够为了自己所爱的人而去与别的男子争斗；第二种条件则因女人的放荡而带来一种嫉妒情绪。对这种男人来说，只有当他们嫉妒的时候，其热情才升腾到沸点，与此同时，性对象的价值也就急剧上升，甚至高得无法比拟。他们总是两眼盯着女方的行为，哪怕是小小的一点证据，也要借题发挥，欲火也就随之上升。奇怪的是，他嫉妒的对象从来就不是这个女人的合法占有者（丈夫等），而总是她结交的新朋友，甚至任何可疑的陌生人。在很多时候，他并不想单独占有她，而以保持三角关系为满足。我自己就碰到过这样一个病人，他常为其情妇的放荡偷情而郁郁不乐，后来听说女方要结婚，他不但不反对，还极力支持；在以后若干年里，他对那个丈夫竟然一点也不嫉妒。在另一个典型的例子里，男方对自己初恋对象的丈夫十分嫉妒，一直坚持要女方与其丈夫离婚，但后来便渐渐改变了，他对其情妇的丈夫的态度，也像其他同类男子一样，渐渐习以为常和不以为然了。

以上所描述的，是关于一个女人应该具备怎样的条件，才能成为此类男人的热恋对象；以下要谈的，则是他们如何对待自己的恋人。综合起来，也有以下两种情况。

1. 正常人一般看不起放荡的女人，他们喜欢的是贞淑贤惠的女人。然而奇怪的是，这种人的态度却恰恰相反：对他们来说，女人越是轻浮淫荡，就越使他们爱得发狂；同这种女人相爱，往往使他们神魂颠倒，不能自拔。他们觉得，只有这样的女人，才是唯一值得爱的；而一旦爱上之后，又要求她们对自己忠实，这在现实中经常会以破裂而告终。我们知道，本来，不管哪一种热恋行为，多少都具有一种强迫（compulsion）的性质；但这类男人的强迫欲望却又进了一步，当他们爱上自己无法不爱的女人时，这种强迫冲动，就更是无法阻止。他们的恋情的确诚挚热烈，十分专一，但若以为他们一生只有这样一次热恋，那就错了。事实上，这类奇异的爱情在他们一生中不断出现，每一次几乎都是上一次的翻版。随着这个人生活环境的变化，如迁居或改行，他们的情妇也会易人，到最后，他们的这种经验会愈积愈多。

2.在这类人的性格中，最使人惊奇的是那种渴望成为其爱恋对象的拯救者的欲望。他们坚信对方需要他，认为假如没有自己的帮助，她们一定会自甘堕落，落到凄惨可悲的境地；因此，他觉得自己必须成为她的保护人，而要保护，就得管住她，紧紧抓住她不放。如果女人的确浪荡惯了，不值得信赖，或者她的生活的确无所依靠、艰难备至，这种保护冲动还情有可原；但问题是，即使在没有上述情况时，他的这种保护冲动仍然十分强烈。我曾经遇到过这样一个人，平时，他在女人面前总是花言巧语，温存备至，用尽一切巧计加以诱惑，一旦得到一个女人，就要想尽一切办法，说服她对自己"忠诚专一"。

现在还是让我们暂时回顾一下这种人的种种特征吧：他们所爱的女人必须属于别的男人，她们必须是轻浮的，而他也需要这种轻浮；他每天都怀着强烈的嫉妒心急需释放；尽管自命忠诚，却又不能保持终生；他对爱恋对象总是具有一种特有的"保护"冲动等等。要想从这种种表现中寻觅到一个单一的根源，看来并不容易，但这并不是完全不可能。当我们运用精神分析法对这些人的生活进行透视时，便可以得到较为令人满意的结果。我们发现，这些男人选择对象的条件和爱恋的奇特方式，其渊源与正常人的爱情大体是相同的，这就是：他们幼儿时代对自己母亲的那种眷恋之情的固着,这种固着可能表现为多种形式,而这只不过是其中之一罢了。对于正常人来说,他们选择的对象固然还保留着"母体原型"的痕迹(如年轻人对成熟女人的爱恋),但他们的力比多脱离开母亲的意象还是相当容易的。然而这类人就不同了,他们的力比多在母亲身上倾注得过久,因而即使越过了青春期,其母亲的特征仍深深地影响着他们对爱人的选择——她们之间的相似使我们不难认出这一对象乃是他母亲的替身。对此我们可以用一个有趣的比喻加以说明:婴孩如果生产顺利,他们的头大都是圆的;如果不幸诞生时遇到困难,延续时间过久,他们头部的形状,看上去简直就像是从母亲的骨盆中塑造出来的。

这类人的爱情条件和爱恋方式的确源于自恋母亲的情感,但仅这样说还不行,我们还必须提出一些合理的证据来。最容易论证的是第一个条件,即"所爱的女人必须属于别的男人"或"不能缺少被伤害的第三者"。从这点我们即刻可以想到,在一个于家庭环境中长大的男孩子看来,母亲属于父亲所有,这是使母亲成为母亲的最根本性质。至于这类人把情人视为掌上明珠,对其忠心耿耿也就不难解释了,因为在他看来,一个人只能有一个母亲,同母亲亲近是他求之不得的,也是不能由别人所取代的。

如果这类人选择的爱恋对象的确是母亲的替身,那么对另一个矛盾又做何解释呢?这个矛盾就是:他虽然每次总是狂热地爱着一个女人,似乎至死不渝,终身不贰,但一生中却总免不了一次次地变换恋人。从其他方面的精神分析中,我们曾发现过这样一个铁定的规律：人的潜意识中对某种独一无二、不能替代的东西的热恋，会表现为一种永无休止的追寻活动。这是因为，替身终归是替身，它永远不能像真身那样满足他的渴求。小孩子在到达一定的年龄之后，会变得极好发问，他们本想只问那个他们最关切的问题，却永远也找不到合适的表述。同样，那些整天唠叨不休的精神病人，其实他们心中承载着某种秘密的重压，极想一吐为快，但无论如何话到嘴边也不肯说出来。

至于这种爱情的第二个条件，即选择的对象须具有淫荡的性格，似乎与母亲的意象完全不合或根本就是冲突的，因而不可能有因果关系。在成年男子的内心深处，母亲总是被神化了的，有着贞淑的美德，例如在同别人的交谈中，自己母亲的这种德行受到些微怀疑，他就感到莫大的耻辱；如果自己也猜忌起来，则感到十分痛苦难堪。母亲与"荡妇"间的这种极其鲜明的对照，启发我们去对这两种情结（恋母情结与恋淫荡女人的情结）的发展史做深入研究。我们只能从潜意识中去寻找二者之间的关联，很久以来我们就已经发现，两种在意识（注：与潜意识不同）中相互排斥的东西，可能在潜意识中正属于一体。调查使我们发现，大约在青春期前后，孩子通过某些流行于口头的污秽粗俗的语言对成年人性生活的真实情况有了完整或不完整的了解。这种对成人性生活的了解，使长辈的威望毁于一旦，因为其性生活与长辈们在孩子心目中的威望是极不相容的。那些第一次了解这些事情的孩子，会马上想起自己的父母，多半情况下，他们会这样驳斥说:"你爸爸妈妈才是那样子的,我的父母决不会干这种事。"

随着这种"性的启蒙",他们又进而得悉,世界上有很多女人是靠供人性交来维持生计的,这些人多半都为人唾骂。小男孩大约不能理解人们为什么会瞧不起她们;一旦他了解到,通过这种女人他自己也可以拥有成人们才有的特权,即进入性生活的领域时,便开始对这些女人怀有一种渴望而又畏惧的感情;随后,他便不再相信,这种人人差不多都有的"丑恶"性行为在他父母身上就没有,于是只能以嘲弄的态度对自己说,既然父母做的事与她们没有什么本质的不同,母亲与妓女之间便没有多大差别了。这时,他的见闻重新拨动了儿时的印象,儿时的欲望和情感再次复发出来;最后,他会在这些新认识的挑动下,再次欲求得到母亲和仇视碍事的父亲,也就是说,他再次陷入俄狄浦斯情结里了。使他耿耿于怀的是,母亲只允许父亲有与她性交的特权,而不允许他,在他看来,这真是一种不忠行为。假如这样一种情结不能很快消失,那就只能通过某种方式将它发泄出来,这种方式只能是种种荒唐的幻想——在这种幻想中,母亲的意象总是以奇特的变形形象出现;幻想造成的性刺激迅速增强,最后只能以"自淫行为"来结束。由于恋母和仇父这两种倾向总是同时出现,他就很容易幻想着母亲的不贞,那些在幻想中与母亲有私情的情夫,又总是有着与男孩自己相同的性格,换句话说,就是他在理想中所希望的自己成长为能同父亲匹敌的样子。

我在许多地方提到的"家庭浪漫史",就是指这一时期的男孩通过种种奇特的幻想所交织成的一厢情愿的结局。我们一旦了解了儿童这一时期的心智发展状况，对女人的放荡性格为什么成为男人爱恋的条件，就很明白了。这种现象可追溯到恋母情结，追查到这一根源，它的奇特性和自我矛盾性便消除了。很明显，我们所讨论的这一类型的男人，其爱情生活带有明显的发展痕迹，我们不难发现，他日后所做的一切，正是他青春期之前童年幻想的固着。此外还应看到，青春期中过分的手淫也或多或少促成了这件事情。

在清晰的意识看来，"拯救"爱人的冲动与支配着这个人现实生活中的爱情的幻想之间，并没有必然的和确定的关系；即便有关系，也是一种松散的关系。这就是说，既然他所爱的人天性放荡、情爱不专一，很容易使自己陷入窘地，那么他有责任尽自己的能力保护她，这种帮助就是使她注意自己的贞节，不要继续再放荡。但通过对遮蔽性记忆、幻想及夜梦的研究，我们便了解到，这种解释只是对潜意识动机的一种恰到好处的"合理化处理"（在羞于承认自己某种行为或思想的潜在动机时，便在无意中用其他一些貌似合理的理由来搪塞），正如一个极成功的"梦的继发性加工过程"（梦有显梦与隐梦之分。隐梦是梦的原意，不合社会道德规范，为瞒过"超我"的检查作用，就经过乔装打扮改变其形态，即从隐梦化为显梦。这一过程称为"继发性加工过程"）。

"拯救"的观念实际上有着自身的意义和历史，它同样来自"恋母情结",或者确切地说,来自"恋母仇父情结"。当一个儿童听说自己的生命来自父母,是父母给了他生命的时候,他的感恩戴德之情中便会夹杂着一种长大后独立的愿望,并期望自己有朝一日能以某种珍贵礼物回报父母的恩情。我们可以这样设想,一个小男孩为维护自己的尊严,甚至会说出这样的话:"我并不想从父亲那儿得到什么,他现在给我的东西,将来我一定还给他。"由此他可以编造出种种幻想,如从某些危难中救了父亲一命,大恩得报之后,他便坦然地离开了他,与他断绝了关系。

在大多数情况下,这样的幻想需经过伪装以后才能进入意识,所以"拯救"的对象往往不是父亲,而变成皇帝、国王或其他伟人,这些幻想往往成为作家创作的素材。在"拯救"仅仅是针对父亲时,其幻想中包含的意思主要是保持自尊;如果这种拯救是指向母亲,它包含的就主要是一种感恩的柔情。母亲给了他生命,这是不可能用任何别的礼物来报答的,然而只要在潜意识中稍稍变一变"拯救"母亲的含义(这在潜意识中是很容易的,即使在意识中,许多观念不是也有很多歧义吗),感恩的欲望便可满足了,改变的方式只有一个,那就是给她一个孩子,或使她再生一个孩子,当然,这个孩子必须处处像自己。这样一种变化后的含义与原来的含义("救了母亲的命")相差并不太远,这种改变看上去还是合理的,因为二者有种种相似之处,母亲给了自己生命,他报答时又还给她一个生命,而且是一个与自己相似的小孩。做儿子的力求让母亲生一个像他这样的孩子,以示感恩图报,这就是这种"拯救"的本质,在这样的拯救幻想里,他无意中已拿自己代替了父亲,在他期望着"自己做自己的父亲"的时候,他的所有的天性、爱悦、恩情、欲求、自尊、自重和自立等,统统都得到了满足。

在这样一种"含义转换"里,就是连"拯救"中的危机意味也不曾失去,因为一个生命的出生本身就是一种危机,这个生命凭借了母亲的受苦而存活下来。所以人们常常说,在整个人生中,出生乃是人生第一危机。事实上,这第一次危机乃是日后人生旅途上遭遇到的各种危机的原型,这一原型经验在人们内心深处有着深深的烙印,一再造成我们称之为"焦虑"的情绪表现。人们对这第一次危机有着一种莫名的恐惧感,所以在苏格兰的一个传说里,由于主人公马克多夫不是从他母亲的阴道中出生的,而是从他母亲的躯体中破腔而出,所以始终不知恐惧为何物。

古代的释梦家阿特米多鲁斯曾说,同一种梦往往因做梦者不同而有不同的含义,因而要有不同的解释。这种说法是很有道理的,按照这种潜意识中思想表达的规律,"救某人一命"的含义同样应依幻想者性别的不同而有所区别,这就是:使人生个小孩并对其加以抚育(男人)和自己生个小孩(女人)。

这种"拯救"冲动在梦中和幻想中占据重要地位,而当这种梦或幻想与水有关时,其重要性更为明显。在男人的梦中,假如他把一个女人从水中救起,就意味着他使她成为母亲。根据以上的论述,这一点很容易得到说明,其实就意味着他把她看成是自己的母亲了。而当一个女人梦见从水中救出来某个人（一个小孩）时，那就意味着自己是这个孩子的生身母亲，就像摩西神话中法老的女儿一样。（见《旧约全书》中"出埃及"第二章。当摩西出生时，正值埃及法老搜杀以色列男婴，其生母遂将婴儿放到河边芦苇丛中，这时正好被法老的女儿看见，收养为自己的儿子，取名为摩西，意思是"我把他从水里拉出来"。）

拯救父亲的幻想偶尔也包含着感恩的柔情，在这种情况下它表达的意思就是把父亲置于儿子的地位，或者说，想有一个像父亲的儿子。在所在这些有关"拯救"的观念与双亲情结的关联当中，只有那种想"拯救"自己所爱的情人的冲动，才是我们所讨论的这类人的典型特征。

对这样一种通过观察而推演出理论的过程，我不想在这儿做过多的描述。我在这儿的着眼点，也同讨论"肛门快感"一样，只放到那些有着鲜明特色的极端例子中。对于绝大多数人来说，他们只有一两个可观察到的特征，而且常常是偶发的；我们如果不追查其根源，了解它的总体面貌，仅仅从偶然出现的反常现象出发，就无法理出一个清晰的头绪，从而陷入一片朦胧迷茫中。

第五章 阳痿——性爱领域最普遍的衰退趋势

一

如果你去问一位从事精神分析的医师，他最常遇到的是什么样的病例，他就会毫不犹豫地说，如果那种十分复杂多样的焦虑症不算在内的话，就数"心理性阳痿"了。这种奇怪的毛病常常发生在性欲很强的男人身上，其主要的表现是，在性行为开始后，性器官不肯合作，但他又能举出例子证明在这之前和这之后，他的性器官本是极为健全的，完全有这种能力，即使在性行为发生时，他那急于纵欲的心理驱动力也不能说不强。患这种毛病的人多半对此病的症结略有觉察，发现只有同某些女人做爱时才会如此，和其他人则不会。他觉得自己的男性机能似乎被女方的某种性格特征压制住了，有时他还有一种在忍受着这种压制的感觉，似乎内心有一种阻力在干扰着意识去行使自己的意向；但他这时仍然弄不清楚这种内在的抗力究竟是什么东西，也弄不清女方身上的哪一品质激发了这种阻力。假如他在同一个女人身上屡屡失败，他就会按照习俗之见，认定是第一次失败所导致，或者说，每次都回忆起第一次的失败，这种失败的回忆本身又会带来焦虑和干扰，从而使失败继续下去。那么第一次又为什么会失败呢？这是不是一种偶然的意外呢？

对于这种心理性阳痿，许多精神分析学家都发表过研究论文，这些论文所做出的解释，可以在每一个精神分析学家的治疗实践中得到证明。这种失常的现象明显是由存在于阳痿者内心的某些无意识情结的影响力造成的。具体来说，就是患者无法克服对母亲和姐妹的乱伦性固着，婴儿期经验的痛苦印象偶然被激发，再加上种种其他原因，合在一起之后便使他在女方面前感到"性力"不足。

经过详尽的精神分析法研究，那些较严重的心理性阳痿者，常常受下面一种性心理活动的支配：力比多在成长的途中发生滞留，不能到达我们认为正常的地步。这也许就是生病的根源所在（很可能所有精神失常都是如此）。在一般情况下，凡健康正常的爱情，需依靠两种感情的结合，一是温柔而执着的情，另一种是肉感的欲，然而在这些病例中，这两种感情并没有合流。

在这两种感情中，执着的柔情出现较早，它一般起自于儿童最弱的几年里，是在"自卫本能"的基础上形成的，这种感情所指向的对象一般是家庭成员或这种儿童的照顾者。从一开始起，这种感情中便有性本能的参与（或者说，它本身乃是色情的一部分），这在一般儿童的早期生活中可以隐约地观察到，在分析成年心理症患者的时候也会揭露出来，这样一种柔情其实代表了婴孩早期的性对象选择。由此可见，在自我本能所拓出的道路上，性本能按照自我本能制定的标准找到了自己的对象。于是，当生存本能得到满足时，性本能也同时获得了满足。双亲及保姆对婴孩的"疼爱之情"中常常不自觉地流露出色情意味（如"小孩是性的玩物"），这的确更加重了小儿的色情成分在自我本能中的投注，在它达到一定的程度之后，便无可避免地影响到未来的发展，更何况与此同时还有一些有助于指向这同一个目标的其他环境因素。

这种婴儿挚爱之情的固着在发展到儿童期时，已吸收了种种色情成分，不过在这一期间，它们还是相当隐蔽的，最起码在表面上还不把性当作目标。在这之后，青春期来临了，强有力的肉感成分遂参与其中，这些情感指向的目标便再也不能隐藏，它们必须顺着早期标定的路走下去，并且以现在那强大得多的力比多投入到婴儿期初次选择的对象上。但差不多与此同时，那防止乱伦的堤防已牢牢确立，消除了他与对象间发生性关系的可能性；这样一来，它便尽可能快地摆脱这些不宜于带来真正满足的对象，到别的地方继续寻找，以建立起合宜的性生活。这次选择的新对象与婴儿期选择的对象不仅在大体形象上仍然相似，而且渐渐地获得了原本属于母亲和那些眷恋的柔情。男人必须离开父母亲（如旧约所说），去与他的妻子相处，这样一来，柔情便与肉感合而为一。沿着这样正常的健康的道路发展下去，那肉欲之情所具有的强大力量就会赋予爱情对象以天仙般的美好品质（对于性爱对象的过高估计原是男人的常事）。

力比多能否正常发展下去，这要由下述两种因素的具体情况而定：第一，假如在现实世界中选择新对象受到某种挫折，或是根本就找不出任何可供选择的适宜的对象，就谈不到所谓的"选择新对象"这回事了。第二，对那些他必须最后放弃的婴儿期对象，他究竟迷恋到何种程度，这种程度同儿时的快感投注一般成正比。假如上述两种因素很强大，那么，造成心理症的一般性机制便形成了。这时，力比多便脱离开现实世界，在幻想中沉迷，它会大大强化婴儿期性对象的印象，并且固着于其上；但是，由于防止乱伦的障碍仍然存在着，所以那迷恋这一对象的力比多，就只能在潜意识中活动，这时，那肉感引起的激情只能附着在潜意识内的这种对象形象上，当这种情欲在自淫行为中得到满足，其固着便加强了一层。那寻找外在对象的步骤一旦在现实中触礁，以幻想代替，事情在本质上仍然没有什么不同。这种以自淫为结局的幻想虽然在意识上仍以外在对象为其对象，但这种对象在潜意识里仍然不过是力比多性对象的取代，经过此番取代作用之后，幻想便顺利进入意识。除了这一点之外，这种取代对力比多转向外界方面并没有多大的作用。

这就是说，对一个年轻人来说，他的情欲在潜意识里可能仍然会依附于乱伦的对象，或者说，可能仍固着在乱伦的幻想上。

下篇：爱情心理学

这样一种发展的最终结局，有可能是"彻底的阳痿"，患者的性器官也许恰好比较弱，但不管怎样，这种颓弱仍然是次要的因素，它只能使前一种因素更明显，而本身却不是重要的原因。

它在较为轻度的情况下，造成我们所谓的心理性阳痿症。肉感的情欲并不是注定非要藏身到眷恋的柔情之中不可，它也可能异常强烈，不受任何阻挡，力争在现实世界中找到出路。由于这种人的性行为有着很明显的征兆，所以极易识别。

一般说来，它丧失了这种本能中理应包容的巨大的精神能量，因此，常常是多变的、易于激动的和笨手笨脚的，虽则如此，却得不到多大的乐趣。更重要的是，它尽力避开任何柔情蜜意，因而将对象选择严格限制在一定的范围内，虽然肉感方面的欲求依旧活跃，但它只寻求那些不至于激起另一面情感（即柔情，这种情感因为乱伦而受到的破坏）的对象。反过来，那些十分值得相爱、能够引发他们敬意的女性，却挑不起他们肉欲的兴奋。因此，他虽然对这种高雅的性对象十分敬爱和垂怜，但一旦涉及色情方面，却不免一筹莫展。

于是这种人的爱情生活便一分为二，有了两种不同的层面，这就是艺术中常揭示的圣洁的（或精神的、超凡的、柏拉图式的）爱情和尘世的（或兽性的）爱情。对于他们真正爱的人却没有性欲，可以引发性欲的女人，他又不爱；为了不使他们的"肉欲"玷污自己所爱的对象，他们往往去寻找那些不值得他们爱的女人发泄。由于受到"情结敏感性"（complex sensitiveness）

和"压抑回归"这两大定律的支配,所以如果他在为了满足自己的肉欲而找女人时,偶然找到了一个与他潜意识中埋藏的女人的形象有点相似的女人,这个女人的某些特征便引起他对某个女人(母亲)的回忆,在这种情况下,眼前的女人便成为一个必须避免的性对象,与此同时,这种意味着"应加以拒绝"的心理性阳痿便出现了。

只要性行为的对象与乱伦对象相像,对这一性对象就会被过高估价。如果想避免陷入上述痛苦境地,就不得不压低对性对象的估价,一旦性对象被降格,肉欲便能畅行无阻,性能力得到高度发挥,快感也随之达到高潮。促成这种趋势的还有另一种因素,我们知道,在那些情与欲两种情感不能同时出现的人中,如果让他们像正常人那样去完成性行为,对他而言,该行为就毫无兴趣可言,只有那些与正常人恰好相反或错乱的性行为,才会使他们得到满足。然而他们又常常为了讲面子,仍然寻求异性对象,只不过是一些在他们看来是地位很低、价值不大的女人罢了。

在前一章中我们曾提到男孩的一个幻想,即把母亲降格为妓女的幻想。其动机现在看来还是有一定的道理的,它代表着(至少在幻想中)在爱情的两个源流之间架桥的努力,这就是把母亲的形象降格,以便使她可以成为肉欲的对象。

二

前面我们一直是从医学心理学的角度来探讨性的问题,这种探讨也许与标题不合,但是,为了使这种探讨深入,这样做还是有必要的。

迄今为止,我们已经解释了心理性阳痿的原因,认识到那是由于爱情中情与欲两方面不能达到很好的配合所致。我们还认识到,这种性抑制乃是整个发展过程中,在受到孩童早期固着和后来的乱伦堤防的阻碍之后,又在现实中屡受挫折的结果。对这样一种理论,人们可能提出的唯一的,也是最强有力的反对理由就是:它虽然对某些人为什么会染上心理性阳痿作出解释,仍有很多东西使人迷惑,这就是,为什么有些人能躲避它,有些人则不能;既然其中涉及的种种因素,如孩童期的强烈固着、乱伦禁制以及青春期以后若干年内性发展受到的挫折等,几乎是每一个文明的人都不可避免的,这种心理性阳痿就应该在文明社会里广泛流行,无一例外。依次而言,有了这种性的抑制表现,这算不了什么病态。

要是我们同意"量"的因素对疾病的形成与否有着决定性的力量,上述反对理由就不难驳斥。我们知道,只有其中包含的每一成分达到一定的"量"时,疾病才能显现。当然,虽然用这一点可以驳倒上述反对理由,但我们不想这么做,我们要做的与此恰恰相反。我认为,心理性阳痿要比一般人想的更为普遍,在所有文明的人的性生活里,都或多或少地沾染上这样一种病症。

假如我们扩大心理性阳痿的含义,那就不仅仅指那些"想从行房事中取乐,其性器官也正常,但就是因为阳痿而不能性交"

的表现，它还包含其他一些不太明显的现象，如：有些精神衰竭者，他们虽然能像正常人一样行房事，却从中感受不到一点乐趣。上述情况的普遍性同样超出一般人的想象。对这些病例的精神分析研究表明，其发病病因与我们所说的狭义上的心理性阳痿并没有多大的区别。与这种精神衰竭的男人相对应的是那些患性冷淡的女人，这就是说，这些女人在对爱情的态度上，与男性心理性阳痿者极为相同，在人数上也差不多，虽然其症状不明显。（女性性冷淡是一种更为复杂的现象。）

因此，假如我们从广义的角度来看待心理性阳痿这个术语，使之包含那些症状不明显的表现，我们就不能否认，现代世界里男人的情爱行为中，大都沾染了深厚的心理性阳痿的色彩，世界上还没有人能把情和欲完美地结合为一体。男人在他所爱的女人面前，其性行为总是受到压抑，只有在面对较低级的性对象时，他才能自如地纵欲。当然，这样一种现象的出现，还有其他一些原因，如，他不愿向他敬重的女人求得不合惯例的（或反常的）性满足，但是，只有当他全心全意地纵情享乐时，其性欲才会得到完全的满足，然而在他那受过良好教养的妻子面前，他又不敢那样放荡！所以他只有寻找那些比较不高贵的性对象，如一个行为放荡的不道德的女人等。只有在这样的女人面前，他才不会产生道德的焦虑，又加上对方对他的生活状况一无所知，就无法对他提出批评。这就是说，虽然他的柔情和思念全都投注到别种女人身上，却只能对这样的女人奉献其全部性能力。我们常常见到，一个社会地位很高的男人，往往去找一个社会地位较低的人做其永久的情妇，甚至会娶来做太太，其原因是相同的！只有找一个低级的女人做性对象时，才能达到心理学上完全的性满足。

我完全相信，在文明人爱情生活中普遍存在的这一难题，其形成原因同心理性阳痿是大体一致的。这就是说，它同样源自于下面两个因素：儿童期的强烈乱伦固着和青春期向外发展（寻找外部性对象）时的受阻。我这样说，语言未免有些不雅，而且有点自相矛盾，但这的确是实情。一个男人，只有当他战胜对女人的敬意，不会为那种向母亲或姐妹乱伦的罪恶感和羞耻感所抑制时，才能真正逍遥自在地爱面前的女人。但事实上，无论是什么样的男人，在一想到这样的事时便要冒冷汗并赶紧对自己的性欲加以约束，在这种人内心深处，性行为乃是一种可耻的和不值得的事情。这种想法的弊病，是不言而喻的。他为什么会发展出这样一种不健康的态度呢？如果他能战胜内在的阻力，就会发现，这种阻力原与少年时代的遭遇有关，当时他的性冲动已达到高峰，但他既不能乱伦，又不能在家庭之外找到满足的性对象。

在我们这个文明的世界里，女人同样被"教养"所误，而且会因为前面所描写的男人对她们的那种态度而更厉害一些。一个男人在她面前也许不能表现出丈夫的气概，也许在初恋时把她想得比天仙还美，但一旦占有了她，就立即把她看得很低；不管是"过高"，还是"过低"，反正都对她没有好处。至于女人，则通常不太会过高地估计男人。由于这个,她们一般不需要降低其性对象的价值。但是由于她们长期被迫躲避性爱,她们的感性欲求只能在幻梦中得到满足,所以造成了另一种严重的后果:在这些年月里,由于色情活动仅以淫乱的意念的形式出现,所以她们已沦为精神上的性无能者,而现在当真正的性活动变为合法时,她们已经成了性冷淡者。与此相似,许多已婚女人也在婚后好长一段时间内视这种合法的关系为羞耻,另外一些女人则在发生性关系时表现为冷感。但是,一旦在这种性关系中混有犯禁的或秘密的成分,就像夏娃摘取禁果,她的性兴奋程度便大大提高。这种由偷情所得到的乐趣,从她丈夫那里根本无法得到。

在我看来,女人的爱情生活之所以需要禁忌,与男人需要降低性对象的身份是一样的,二者都是在社会伦理的律令形成之后,性成熟与性满足之间长期作用之后达到的一种结果,它们都是用来克服由于情与欲结合不良而造成的心理上的"性无能"的。然而同样的原因在男人和女人身上却有不同的结果,展示出两性之间在性行为上的差异。一般文明社会中的女性在漫长的等待期中都不会逾越性活动的抑制,所以禁忌便很自然地与性爱混为一体;男人在这段时期中多半是通过降低所选择的性对象水准的方式,来冲破这种禁制,在以后的正式爱情生活中也一直是这样做的。

今天,改革性生活观念的呼声日益增高,在这种情况下,我想再次提醒读者们,精神分析研究也同其他科学领域的研究一样，是公正无偏的，当它通过患者的病症去探索其病源时，它并没有把假设的理论强加于事实，理论原是在众多事实的基础上推断出来的。假如他发掘的事物真相有助于社会状况的改进，那是十分理想的；但是，当这样一些立足于改革的作法推行开来之后，会不会矫枉过正，造成更多的牺牲，那就超出了我们现在的预测能力。

三

如上所述，文化教育对爱情生活的限制会促使男人对性对象降格以求。本节我们将暂时离开这个问题，转而探讨一下某些与性本能有关的现象。由于早年不能享受到性爱的滋味，便产生了这样一种恶果：当人们结婚后性欲理应自由发泄时，却又得不到完全的性满足。如果将事情颠倒过来，即一开始就让情欲得到彻底的解放，那又将是什么样子呢？我认为，这样做情况会更糟一些。不难明白，一旦情欲的满足过于容易，它便再无什么价值可言，这就是说，要想使力比多保持较高的兴奋度，某些阻碍是不可缺的。历史一次次地告诉我们，每当那种能够阻碍人们获得满足的自然力灭绝时，人们便设法建立某些人为的或习俗的禁忌，因为只有这样才能享受到真正的爱情。这样一种道理，不管是对个人还是对群体都是如此。当性欲畅行无阻地得到满足时（比如说，当一个古老文明建立起的禁制被废弃时），爱情便开始变得无价值，人生也变得空虚起来。渐渐地，人们便不得不重新发展出一种反向作用，以挽救爱情的情感价值。正是根据这个道理，基督教文明中的禁欲倾向才大大提高了爱情的精神价值，这是古代的异教徒所不能得到的一种最高贵的爱情，它扎根于苦行僧式的生活中，通过终生与力比多之诱惑作斗争而获得了自己的价值。

我们或许会马上想到，这样一种现象不正是我们机体本能中普遍存在的吗？在这里，本能欲望永远随着挫折的增加而高涨。

假如有人做这样一种实验：让形形色色的人全都处于相同饥饿状态，让他们的进食需要渐渐紧迫起来，在这种情况下，他们之间的一些差异再也不见了，每一个人都唯独受到一种未满足的本能的驱使。

但是，假使情况与此相反，即他们所有的本能需要都得到了满足，情况又怎样呢？是不是其精神价值会随即跌落下来？对此，我们可以用酒与酒鬼的关系来加以说明。酒不是每次给酒鬼们带来毒害的满足吗（在诗或科学中，人们常拿这种满足比拟爱情）？可谁会听说一个酒鬼厌倦于永远喝同一种酒而总想变换酒的种类？相反，越是长时间地喝同一种酒，他对这种酒就愈加亲近。谁会听说一个酒鬼因喝酒喝多了而发生厌倦，从而被迫迁居到一个禁酒的或酒价昂贵的国家去，以便用这样一种挫折来刺激他那萎靡的快乐？我们肯定未听说过这样的事情。相反，那些像柏克林一样的嗜酒之徒，当谈到对酒的感情时，听上去就像是他们得到了最能引起性满足的情妇那样。反过来，为什么人们在爱他的性对象时就做不到这一点？

这听上去似乎十分奇怪，但我认为，在本能中必定有些成分最不宜于得到绝对的满足。当我们想到这种本能在自身的发展中经历的坎坷不平的历程时，就会发现导致这种倾向的两个原因。

1. 由于在性发展过程中，有两股驱动力（性和欲）驱使人去选择对象，但由于干扰的作用，乱伦障碍将两者分别开来，所以，这种选择最终得到的，只能是原型对象的替代品。精神分析告诉我们，假如本能欲求的原对象因压抑作用而失去，代之以一连串的替代性对象，这些替代对象中就没有一个能为其带来全部的满足。这样我们就可解释人类性爱中的一个大的特征：他们所选择的性对象不能保持持久的诱惑力，因而永远渴求着新的刺激。

2. 我们知道，性本能在一开始时便已分成许多的成分（或性本能乃是这些成分的组合），但并不是所有成分从一开始就全部得到充分发展的，有些需要中途压抑掉或转向其他用途。其中最明显的是本能中的脏物迷恋（coprophilic-element），这种成分可能自从人类能直立行走、嗅觉器官不再触及地面之后，就已经开始与我们的美学观念不再相容了；另外一种是构成性本能的绝大多数虐待本能，它也必须在中途放弃。但是，所有这样一些淘汰过程都只与心灵中较上层的和较复杂的结构有关，而那种促使和激发情欲的基本过程（指性交的过程）却始终没有什么变化。排泄道与性器官太靠近,因而不可能清楚地分开,不管意识和心灵如何发展和变化,性器官的位置(介于尿道与肛门之间)仍然自始至终地保持着它的重要性。我们可以套用拿破仑的一句格言,那就是"人体结构就是人的命运"。人的身体从头到脚已顺着美的方向发展,唯独性器官是个例外,它仍然保持着它野兽时代的结构和形象,因此无论是现在和往昔,爱欲的本质总是兽性的。要想改变情欲的本能的确是太难了,人类社会在这方面下的功夫有时过多,有时又过少,但不管怎样,人类文明要想取得成就,就不得不在某种程度上牺牲这种性的快乐。正是那些不能在成人性行为中自由发泄的性冲动,才造成了一种永不满足的气氛。

因此,我们不能不得出这样一种不情愿的结论:要想使性本能欲求与文化要求达成妥协,那简直是痴心妄想。文化愈是高度发展,人类愈不能避免一定程度的苦难、牺牲和在遥远的未来的灭种威胁。这样一种悲观的预言实乃建立于下面一种猜测上:伴随文明而来的种种不满足感,乃是性本能在文化压力下畸形发展的结果,而性本能一旦因屈服于文化而得不到全然的满足,它的那些得不到满足的成分,便要大量升华,创造出文明中最伟大和最奇妙的成就;反过来,假如人类性欲能够得到全面彻底的满足,那就没有什么东西能使他们把性的能量转化到其他地方,在这种情况下,他们就只能沉溺于性的快乐,社会也就永远不能发展和进步。因此,正是人类两大本能(性本能与生存本能)之间那永远难以妥协的相互抗衡,才鞭策着人类文明不断进步,与此同时，又带来一种永远的威胁，使人类中的那些弱者陷入心理症而不能自拔。

科学的目的不是对人们提出警告和安慰，但我本人却不得不承认，本文所得出的结论应当建立在一个更加广大的基础上，或许，人类在其他方面上的发展是能够解决上述冲突的，这也是我所希望和祝福的。

THREE CONTRIBUTIONS TO THE THEORY OF SEX & THE PSYCHOLOGY OF LOVE | 性学三论与爱情心理学

第六章 处女的禁忌

在原始民族的性生活中，有许多细节会使我们感到极为惊异，其中他们对处女（尚未有性经验的女人）的态度，便是一个很好的例子。我们知道，在我们生活的文明社会中，男人在追求女人时，对她是否是一个处女，总是十分关注的。这种观念已经深深植根于我们心中，似乎是一种十分自然的和无须证明的事情，所以一旦被问到此事的原因时，被问者往往瞠目结舌，不知如何回答是好。其实，人们这种想全部占有一个女人愿望，实乃是一夫一妻制造成的一种习惯观念，也是这种制度的本质所在；所以我们总是去要求女孩子婚前不得与其他男性发生关系，以免在她们心中留下不灭的回忆，这实际上只不过是将这种垄断女人的行为延伸到过去的时代罢了。

按照上述观点来推论女人爱情生活的某些特征，就会发现，有些看上去好像是奇怪的现象，实则很正常。人们普遍看重处女，这种态度是不无道理的。我们知道，环境和教育会造成一定的阻力，使少女处处小心留意，不去与男子发生关系，这就使得她们对爱欲的渴望受到阻止;所以一旦她冲破阻力,选择了一个男人来满足她的爱欲时,她便终身委付于他,对他信誓旦旦,不再与别的男人有如此深情了。由婚前的长期孤寂所造成的女人的这种"臣服"态度,十分有利于男人放纵地永远占有她,使她在婚后能抗拒外来的新印象和新诱惑。

由克拉夫特·伊实在1892年首先创立的"性奴役"一词,意思是指某些人一旦与别人发生了性关系,便对这个人产生了高度依赖与顺服的心理。这种"受奴役"的心理有时会达到极端程度。它会使人完全不能独立自主,甚至情愿为对方牺牲自己的最大利益。在我看来,想要使男女间的性关系维持长久,某种程度的依赖或臣服心理还是必要的;再者,为了维护文明的婚姻制度,对那些不时威胁着社会安定和现行婚姻制的一夫多偶倾向进行压制,就应当适当鼓励这种性的奴役态度。

这种"性的奴役"态度究竟是怎样造成的?克拉夫特·伊实认为,这是由于"一个十分软弱和多情善感的个性"爱上了一个十足地以自我为中心的人的必然结果。但我们运用精神分析法研究的结果与此不符。很明显,这里的决定性因素不是别的,而是克服性阻力所需要的力量。换句话说,取决于这种阻力的突破是否靠一次的冲击而达到,假如经过那"致命的一跃"之后,便完全改变了自己的受阻状态,"臣服"态度便形成了。在这方面,女人要比男人更为多见,而且她们在接受性奴役方面要比男人严重得多;但现代社会中的情况却与古代大为不同,男人往往比女人更容易陷入这种境况。男人为什么会接受性对象的奴役？我们的研究证明，那是因为当他在面对某一个女人时，忽然发现自己竟能摆脱性阳痿的苦恼，从此之后，他便在她面前言听计从，与她一直好下去。人类中有许许多多姻缘以悲剧收场，似乎都可以用以上的道理来解释。

下面我所讨论的，是原始民族对处女价值的看法。或许有人认为，既然原始民族中的女孩子多半在婚前便已经被夺去童贞，而且这件事也不影响其出嫁，就说明一个女人是否是一个处女，对她们并无多大妨碍。在我看来，这种夺去女孩子童贞的仪式，对这些原始民族的意义是相当重大的，它已成为原始民族中的一种"禁忌"的对象。这是一种类似宗教性的禁忌，正因为如此，习俗不容许她的新郎去做这件事，以免他违背这个禁忌。

我并不想在这儿详细列举所有论述这种禁忌的文献，也不想说明它在世界各地的分布情况和列举出它的种种表现形式。我们要做的，只是要说清楚，这种不在结婚时弄破处女膜的行为，乃是普遍存在于原始民族中的一种习俗。正如卡洛雷所说："在这种婚前举行的特别仪式中，由新郎之外的某个人来穿破处女膜，这种习惯常见于低级文明中，特别是在古时澳大利亚较为常见。"

这是很自然的，因为如果想要使这种穿破处女膜的行为不在结婚后的第一次性交中发生，就必须先由某个人以某种方式来做。卡洛雷在其《神秘的玫瑰》一书中，对此有较详细的论述，但有些地方他交代得不太清楚。在这里我想引用下列几段：

"在迪雷部落以及其邻近部落中，广泛流行着这样一种习惯：女孩子一到青春期，就弄破她的处女膜。""在波特兰和莱尼格族中，常常由年老的妇女给新娘动这个手术，有时甚至请白人奸污其少女，以完成这个使命。"（P191）

"处女膜有时在婴孩期便弄破了，但大多是在青春期……在澳洲，它常与性交仪式合并举行。"（P307）

"首先要人为地将处女膜穿破，然后就是让做这件事的男人们依次亲近（公开的和仪式的）这个女孩……整个仪式分为两部分，先是穿破，然后性交。"（P384）

"在非洲靠近赤道的玛塞（Masai）地区，女孩子在结婚前必须经过一次手术。在沙克斯族（Sakais，属马来亚）、巴塔斯族（Battas，在苏门答腊）和阿尔福尔族（Alfoers，属西里伯岛）中，这种穿破处女膜的工作多半由新娘的父亲来做。在菲律宾群岛，甚至有一批人专门以穿破少女的处女膜为业。不过有些女孩子早在婴孩时代就已由老年妇女做过这种手术，长大后就不必再做了。在爱斯基摩族的某些部落里，穿破新娘处女膜乃是僧侣们的特权。"（P349）

以上的论述有两大缺点：1. 它们大部分没有把如何"穿破处女膜"说清楚，究竟是通过性交来弄破它，还是以非性交的方式弄破它？只有一个地方将这个过程清楚地划分成二个阶段，也就是说，先是用手持器具将处女膜弄破，随后举行性交仪式。至于巴特莱斯（Bartels）收集的那些资料，虽然在其他方面较详尽，在这个问题上仍没有说清楚，况且，他完全用解剖学的理论来分析"穿破处女膜"这一行为的心理学意义。2.我们还不太清楚，在这种场合中，那仪式的（郑重其事的祭典）性交与平常的性交有什么不同。就我手头掌握的材料来看，这些作者也许是由于害羞，或由于根本不了解交代这问题的重要性，所以始终没有描述这些性行为的详情。我多么希望能从旅行家或传教士那里得到更详细和更准确的第一手资料，但这类国外杂志现在根本就得不到，所以我在这儿还不能做出肯定的结论。但不管怎样，这第二个疑问即使没有详情描述，仍然容易想象出来，因为不管这种仪式的性交活动多么缺乏真实效果，仍然象征着完全的性交，而且他们的祖先就是那么做的。【在其他地方的结婚仪式中，新郎的朋友和同伴也都可以对新娘随心所欲地轻薄。还设置一种称为"男傧相"（bestman）的人物，其中也有这种意味。】

我现在想讨论一下可用来解释这种处女禁忌的因素。我们知道，穿破处女膜意味着流血，由于原始民族把血视为生命的源泉，自然十分畏惧流血，这一点可以作为我们对这种禁忌的第一个解释。这种流血禁忌（blood-taboo），在性交之外的其他方面也保留着种种社会规范，事实上，它乃是"不可杀人"这样一个禁令的基础，代表着对原始人的渴血情操和杀人欲的禁止和防备。

处女禁忌，还有处处可见的月经禁忌，都受这样一种观念的支配。原始人面对着这种月月必来的神秘流血现象，免不了会怀疑有什么东西在残害她们，所以他们把行经（尤其是初次来经）解释成是由于某种精灵鬼怪的撕咬所致，有些干脆就认为是与某种精灵性交的结果。有些资料中提到，许多原始人认为这个精灵就是她的某个祖先；还有些资料提到，经期中的女孩常被人认为身上附着祖先的灵魂，所以令人敬畏，被作为"禁忌"对待。

我想，如果我们对于这种恐惧流血的现象再深入思考，就不会把它看得那么重要了。举例说，对男孩做包皮割礼，以及比这更加残酷的对女孩的阴蒂及小阴唇的割除礼，都在某些部落中不同程度地实行着。除此之外，还有许多各式各样的以流血为目的的仪式。很明显，这些现象都与"原始人恐惧流血"的解释恰好抵触。既然如此，有些人婚后为了丈夫的方便而废除了这项禁忌（月经禁忌），也就不足为怪了。

第二种解释同样与性无关，它比第一种解释牵涉面更广一些，而且更具普遍性。按照这种解释，原始人似乎永远处在一种"焦躁的期待"里，他们忧心忡忡，就像我们在精神分析学中对心理症做分类时划分出的焦虑型的心理症，每当遭遇到新奇、神秘怪诞和不合常情的事物时，这种焦躁的期待便愈加强烈，它还造就了许多牺牲或奉献的祭典和仪式，它们大半保留在种种宗教仪式里，流传至今。我们知道，当人们刚刚开创下一种新的事业，当人们刚跨入人生的新时期，如家畜要下崽、果实与庄稼就要成熟、儿子就要诞生等，这时人们就会有一种特有的期待心情，在期待中透着焦虑，成功与危险的结局会同时闪现在脑海里，使人如坐针毡，在这样的关键时刻，人们便想到用某种仪式或祭典来获得神人的保佑。婚事同样如此，结婚时的第一次交合对他们是十分重要的，事先更要用某种仪式动员保护它。在这里，人们既有对新奇的希冀，又有对流血的恐惧，这两个方面并不相互抵消，而是相互加强和补足，使第一次性交成为人生路程上的一大难关，要冲破它还要流血，这就使这种期待的紧张有增无减。

第三种解释则如卡洛雷所说，认为处女禁忌乃是性生活中更大禁忌中的一个小的组成部分。同女人性交，并不是只有第一次是禁忌。其实每一次都是禁忌，或者更进一步说，女人本身就是禁忌。我们这样说，并不是指女人性生活中总是充满着种种特异的需要避讳的时刻，如月经来潮、怀孕、坐月子等等，而是说每次与女人做爱都不得不通过重重限制和难关。所谓野蛮人性生活很自由的说法，我是极其怀疑的，虽然原始人偶尔也会无视这些禁忌，但绝大多数情况下都不是这样的。他们在做这类事情时，往往有着文明人无法想象的繁文缛节，男人每做一件大事，如远足、狩猎、出征等，就必须远离女人，尤其不得与她们行房事，否则他们将因精力衰竭而在做这些大事时遇难。即使在日常生活中，他们也习惯与女人分居，在这里，我们常常看到的是女人同女人在一起，男人同男人在一起，文明社会中常见的那种小家庭生活这里很少见到。有时候男女之间分离得如此彻底，以至于不能相互叫出名字，女人们总是使用着另一套特殊的语汇，这种分居或隔离状态会时时因性的需要而被打破，但在很多部落里，即使夫妇之间的交合，也只能在户外某个隐蔽的地方进行。

每当原始人设立一种禁忌，就表明他害怕一种危险。一般说来，上面提到的所有规则和逃避女人的形式，显然都是恐惧女人的结果。或许，这种恐惧是由于他们觉得女人与自己有很大的差别，女人总是神秘的、奇特的和出人意料的。在他们眼里，这种差异只能给自己造成危害，他们总是害怕自己的力量会被女人吸走，他们担心自己会受女人的感染而具有女性的特征，最后成为一个废人。他们亲身感受到性交之后情绪突然低落、周身软弱无力的状态，这恰好印证了他所恐惧的事情，再加上现实生活中女人往往用性的关系来支配和敲诈男人，所以就更加深了这种恐惧。上述种种心理，在我们的文明社会中似乎已经绝迹，其实却仍然活跃在每个男人的心灵深处。

当代不少研究原始民族的人都相信，原始人的情欲本能是相当弱的，它从未达到过文明人的强度。这样一种说法自然会遭到很多人的反对，但不管怎样，既然在我们上面提到的禁忌里，原始人总把妇女当作异己的有害力量来排斥，他们与这些女人之间的爱情究竟有多少，那就很值得怀疑了。

卡洛雷在这方面的论述与精神分析家的看法如出一辙，他进一步指出，个人与个人之间也有"人身隔离禁忌"，虽然别的人与自我绝大部分都相似,不同点只有很少几个地方,但恰恰是这少数几个相异点造成了人与人之间的孤立和敌对情绪。我们可以由此而继续追溯到人对于自己与别人之间那些微小不同之处的"自恋",由此可以解释为什么人们不容易做到同别人情同手足或做到爱每一个人。这样的心理分析工作,的确是十分有趣的。心理分析还指出,男人之所以会因自恋而抛弃女人和轻视女人,其源盖出于过去经历的"阉割情结"(恋母情结中的一种,他因为恋母仇父或其他过失,常常被威胁说"如果不听话,就割去你的小鸡鸡",再加上他见女孩没有阳具,便以为她们的阳具被阉割了),正是这个情结深深地影响着他对女人的看法。

论述到这里,我们似乎离本题更远了,女人所普遍具有的"禁忌特征"仍不能使我们完全理解为什么要对处女第一次性行为加以特别的限制和规定。对于这一点,我们只能用前面提到的两点理由(即畏惧流血和对新奇事物恐惧)来解释,但这两点理由事实上并没有触动这种禁忌仪式的要害。原始民族之所以举行这种禁忌仪式,完全是为了使未来的丈夫免遭随着第一次性交而发生的那件事。我们对这件事已在本文前几段里有所交代,我们还证明了,这件事情的发生其实可以使女人更加牢固地依附于这个男人(即臣服)。

我们目前并不想研究这些一般性禁忌仪式的起源和意义,因为我在《图腾与禁忌》一书里已经对这个问题论述过了,我在该书中得出的结论是:凡禁忌必涉及一种矛盾情感(ambivance)

下篇：爱情心理学

（这种情感的特征是同时又爱又恨，又喜欢又讨厌，又好奇又畏惧。这是一种很普遍的现象，在原始人和心理症患者中更多见）。至于禁忌的起源，则来自史前人类某一次导致家庭制度建立的大事件。但是，如果我们留心观察今天原始部族的仪式时，禁忌的原始含义在这里已不复见。如果我们想在这些部落人身上看到我们祖先的丝毫不差的影子，那就会犯严重的错误。我们知道，即使这些原始部落，也经历了无数次沧海桑田，其发展路线虽与文明人有所不同，却不见得单纯多少。

正如心理症病人会建立起多种恐惧对象一样，今日原始部族的"禁忌"，在经过了苦心经营之后发展成为复杂的系统，禁忌的原始动机被新的动机所取代，以便与新的环境相协调。但是，我们也可以暂时先不谈这些新的发展，而回到原始的起点：每当原始人惧怕一种危险时，他就建立起一种禁忌。总体上说来，他所害怕的总是精神上的而非实际的危险。原始人并不像我们这样重视精神的与实际的这二者之间的区别，因为他们还分不清哪些是精神的危险、哪些是实际的危险；也分不清什么是真实的危险、什么是想象的危险。他对世界持一种泛灵论看法，他相信，不管危险来自天灾人祸，还是来自洪水猛兽，都是由一种像自己一样具有灵魂的精灵恶意相向的结果。另一方面，由于他总是习惯于把自己内心的敌意情绪投射到他不喜欢的或不熟悉的外物上面，既然女人被当作危险的来源，便成为恐惧的对象，夺取其童贞就更加危险了。

论述到此,我们渐渐明白了这种危险究竟是什么,为什么单单威胁着自己的未婚夫。对这个问题的明确回答,还有待于对生活在当今文明社会中那些与原始妇女处境相同的妇女的行为做进一步分析研究。对这种研究的结果,我可以预先告诉读者,分析证明,上述危险的确是存在的。由此可知,原始人的禁忌并不是无的放矢,他们的这种社会风俗的确为他们排除了一种精神上的危机。

一般说来,正常的女人在做爱到达高潮时,双手总是紧紧地抱住男人,这似乎是一种感恩的表示,表示自己此身已永久属于这个男人。但我们还知道,女孩子初次做爱时,并不是那么美好的,她兴奋不起来,她感到不满足,她失望极了;想尝到做爱的愉悦,她还得经过相当一段时间,有些人则会一直冷下去,不管丈夫如何温柔体贴、热情备至,事情仍然一成不变。据我所知,女人的这种性冷淡常被忽视,认为无妨大局。我认为,如果这种冷感不是因为丈夫的性能力有问题,就得从别的地方找答案,而且应该像分析男性性无能那样,对它做出仔细的研究。

女人常常逃避第一次性行为,但我的分析并不想从这里打开缺口,导致这种现象的原因太复杂了,更何况还可以解释为一般女性"洁身自好"的表现。我认为,假如从某些病态案例着手分析,就更容易解开女人性冷淡之谜。我们知道,有些女人在第一次性交之后(有些甚至在第一次做爱之后),便对男人愤愤不已、恶言相向,有时甚至百般威胁、拳打脚踢。我曾经分析过这样一个患者,她十分爱自己的丈夫,常常主动向他求欢,而且每次都能获得做爱的愉悦,但事后却忍不住会憎恨起来。我相信,这样一种自相矛盾的行为,本是性冷淡的一个变种。它与一般女人性冷淡的不同之处在于:一般女人纯粹是一种性冷淡,她们胸中那股憎恨力量只是不自觉地压抑着她们对性爱的激情,但从来不会公开表示出来。这同我们多年前在强迫性心理症中发现的"两元运动"(two-movement)的发生在原理上十分相似。既然破坏一个女人的童贞必定会惹起她的长期敌视,她未来的丈夫自然有理由避免成为她的童贞的破坏者。

通过分析,我们在女人心灵深处窥见到造成这种矛盾性表现的某些冲动,我认为也可以用它们来解释性冷淡。第一次性交往往会激起很多不属于女人本性的激情,其中某些激情在以后的做爱中也许再也不会出现。最引起我们注意的当然是女人初承雨露的那种难以忍受的痛苦,或许有人认为这样一种因素已经足够了,不用再找别的因素了,但事情绝不如此简单。仅仅是肉体的痛苦怎会造成如此严重的后果呢?其实,在这种肉体的痛苦背后,还有"自恋"心理受到冲击之后的心灵创伤,这种痛苦常常表现为高贵的童贞失去之后的哀怨惆怅情绪。然而从原始民族的祭典中还可以看出另一种东西,这些东西使我们认识到,这种痛苦或惆怅对性冷淡并不那么重要。我们知道,他们的仪式经常分成两个阶段,先是弄破处女膜(用手或工具),继之以正式的性交或种种象征性交的姿势,但这里的性对象都是别人而不是自己的丈夫。由此可知,这种禁忌仪式的目的并不仅仅是避新婚之夜的肉体和精神痛苦,丈夫所要避免的除了妻子的肉体痛苦之外,还有点别的什么东西。

对文明世界的女人的分析表明,由于第一次性行为往往不像她们长久以来所渴望的那样令人愉悦,所以会造成一种强烈的失望情绪,由于在这一关键时刻之前性行为曾受到屡屡抑制和顾虑的阻碍,所以一旦面对着正式的合法的交合,仍难免羞愧和担忧。许多年轻女人面对着即将到来的佳期,常表现出一些可笑的举止,把做爱时的微妙的感受当成一种神秘的东西,甚至不敢对自己慈善的双亲提及此事。女孩子常说,如果爱情被别人知道,爱情的价值便荡然无存了。这种感情一旦畸形发展,势必压制其他成分,从而阻碍了婚后情欲的强度。这样的女人往往对公开了的夫妻关系感到不够味,反而对那些冒着危险的秘密偷情感到充满浪漫气息,从而激起狂烈的激情。

但是,这样一种动机仍然处于心理的浅层,它只存在于文明社会,不能用来解释原始文明现象。我们认为,影响这一"禁忌"的最重要因素,仍然需要到心理深层,即力比多自身的发展过程中去寻找。分析学的研究业已发现,人们的力比多总是强烈地附着于原始对象,儿童时代的性爱目标,始终不曾消失。对于女人来说,她的力比多最初是固着于父亲身上(或代替父亲的兄长),这种恋情通常并不直接导向交合,在最严重的情况下也不过是在内心深处模糊地描绘出它的远景轮廓。这样一来,丈夫最多也只能成为这种原始对象的替身，不是她真正的忘情对象，她的恋情永远指向别的人，在典型情况下，是指向其父亲；至于对丈夫的爱，只不过是在没有办法的情况下，退而求其次罢了。丈夫究竟能否得到满足，究竟是遭到她的冷落还是拒绝，这完全由固着（恋父情结）力量的强弱与持续性而定。这就是说，导致性冷淡的最终原因与形成心理症的宿因本是相同的。当然，在一个女人的性生活里，其理智成分愈多，其力比多之力就愈能抗拒那初夜交合带来的震惊，男人对她肉体的占有也就愈容易抵挡。这样的女人，其心理症是被压制了，性冷淡却代之而起，如果这种性冷淡的女人恰好遇上一个性无能的男人，这种冷感倾向就更加严重，甚至会诱发出别的心理症状。

原始习俗显然相当地了解而且默许了女人的这种早熟恋情（恋父情结）的存在，所以他们往往让那些能作为父亲之替身的老者、僧侣或其他贤达之士担任首次破坏其处女膜的职责，这与备受指责的中世纪领主的"初夜权"恰恰遥相呼应。对此，斯多尔福（A.J.Storfer）也持同样的见解，他还进一步揭示了这样一个事实：在那分布十分普遍的所谓"托白亚之夜"习俗里，第一次交合的特权，常常只有父辈才能享有。这与荣格（Jung）的调查是相符的。按照这些调查，在许多民族中，往往由那种代表着父亲意象的神祇雕像来完成这一初次交合的使命，在印度的不少地区，新娘必须由一个木制的类似生殖器一样的神像来戳破处女膜。据圣·奥古斯丁的记载，这样一种习俗也在罗马的婚仪中流行过(不知是否是他那个时代的事),不过在这里已大大地象征化了,新娘只需在那被称为普莱亚的柏斯神(希腊的男性生殖器)上坐一下便可以了。

在更深的心理层次上,我们还发现了另一种动机,女人之所以会对男人有一种既爱又恨的矛盾情感,大体应归之于这种动机,女人的性冷淡同样与此有关。我们的分析揭示出,女人在初次做爱时,除了上面所说的各种感情外,还有另一种冲动,这是一种完全违背女性机能与职责的东西。

从许多女性心理症患者身上可以看到,她们早年曾有一段时期特别羡慕其兄弟们有一个阳具,并为自己缺少这样一个器官而沮丧(其实并不真的缺少,只是比较小一些),觉得自己是因为受了某种虐待才导致了这种残缺不全的状态。我们可以把这种"阳具艳羡"看作"阉割情结"的一部分,如果说在这种艳羡中包含了一种"希望成为雄性"的含义,"阉割情结"所包含的就是"对雄性发出的抗议"。"阳具艳羡"这个词原为阿德勒(Adler)所首创,不幸的是他却误入歧途,声称这一因素可以对一切心理症做出解释。但不管怎样,下述事实是不可否认的:这一发育期的小女孩常常天真地表现着对兄弟那小阳具的羡慕,遂之产生了一种嫉妒情绪,她们有时甚至学着哥哥的样子,站着小便,想在这方面与他们平等。我们在前面的例子中曾提到一个女人,每次性交后都对她丈夫愤恨不已,经我分析之后,原来在她的对象(这里的对象指原始对象,即父亲,女孩的"恋父仇母情

结"往往发生在"阉割情结"之后,因为只有这时她才知道自己
是个女孩,在这之前,她处在所谓"雄性期"内。)确定之前,
她一直都隐入在这种嫉妒状态里。在正常情况下,小女孩能渐渐
将力比多转移到父亲身上,这以后她所要得到的已不再是阳具,
而是生出一个小孩。

在某些个别的例子里,发展的程序也许会颠倒过来,"阉割
情结"往往落在"对象选择"之后,其实这并不奇怪。女人在其
"雄性期"里对男孩子阳具的羡慕,并不是一种"对象之爱"
(object-core),而是一种十分原始的自恋。

不久之前我有幸分析过一个少妇的梦,发现这个梦乃是她
对失去童贞一事的一种反应。这个梦呈现出这个女人的一种愿
望——想阉割丈夫,夺取他的阳具。这样的梦本可解释为幼年的
欲望的延续和重复,但不幸的是,梦中的某些细节揭示出这是一
种超越了常态的反应,这个梦的性质以及梦者以后的举止都预示
着这一婚姻的悲剧结局。我们还是再回过头来谈"阳具艳羡"
吧。女人特有的那种敌视男人的矛盾倾向,总是多少与两性关系
有关;但只有在那些男子气十足的巾帼英雄里,我们才能找到明
显的例证。弗伦克兹(Frenczi)曾以古生物学的眼光,去探察这
种存在于女性中的敌意之根源,认为这种敌意在混沌初开、两性
初分时便已经存在了(也许他并不是第一个这样说的人,我说不
太清了)。他坚信,性行为最早发生于两个完全相同的单细胞之
间,渐渐地,有些较为强大的个体便开始强迫那些弱小者进行性

的交合，而这样一种屈服于强制之淫威下的不情愿倾向，正是导致今天的女人性冷淡的原因之一。我认为，如果我们不过分夸大这种说法的价值，这样的说法就没有什么不好的地方。

对于女人初次性交时那种矛盾性反应的动因，我们已进行了详尽的讨论。总的说来，可以做出这样的概括：处女因为性心理尚未成熟，所以一旦面对着将引诱她进入性生活的男人，就觉得不堪忍受。这样一来，处女禁忌倒成了人类高度智慧的结晶，因为这样的规定可以使这个将来与她一起生活的男人，不至于触犯这个危险。在高级的文明里，由于种种复杂的理由和因素，人们十分重视女人进入"性之臣服"之后所带来的好处，因而不再躲避这种危险，女人的童贞便成为男人誓死不愿放弃的财产。但即使如此，并不是说女人的那种仇视情绪就不存在了，通过对许多不美满的婚姻的分析之后，我们发现，那驱使丧失童贞的女人去报复的种种动机，在文明妇女的心灵中并没有销声匿迹。现在仍有数不清的妇女，在第一次婚姻里从头到尾冷若冰霜，对男人的热情无动于衷，最后终于离异；然而一旦再婚，情况顿然改观，那种阴郁的情绪竟一扫而光，倍尝做爱的欢乐，使旁观者惊奇不已。毫无疑问，原先的不良反应已随着第一次结合的结束而消失了。

事实上，在我们的文明生活中，处女禁忌并没有绝迹。每个人的心灵深处都隐隐地知道此事。诗人们就常常拿它当素材。安岑格鲁贝（Anzengruber，1839—1889，奥地利剧作家兼小说家）在一篇喜剧中曾写了一位朴实的农民不愿娶他所爱的女人的故事。

他总觉得,"像她这样的女孩,要不了多久便将消耗掉他的生命",因此他十分赞成她嫁给另一个男人,等她变成寡妇,不再有什么危险时,他才肯娶她。这个剧本的名字叫《处女之毒》。这不禁使人想起养蛇人的行为。他们总是先拿一小块布片让蛇咬过,然后就能安全地摆布它。

在海拜尔(Ferieclrish Hebbel,1813—1863,德国诗人兼剧作家)所写的《朱蒂斯与何洛佛尼斯》一剧里,有名的朱蒂斯这一角色鲜明地展示出处女禁忌及其部分动机。朱蒂斯同样是那种童贞受着禁忌保护的女人之一,她的第一任丈夫在新婚之夜无缘无故地惧怕起来,从此之后竟不敢触动她,她这样说:"我的美有如颠茄,谁若享有它,非死即疯。"当亚述将军率军围攻她所在的城池时,她想到用自己的美色去诱惑他,把他置于死地,很明显,这个想法在爱国面具下面潜藏着性的欲求。当那个当时以残暴粗野而闻名的将领奸污了她时,她竟在狂怒之下,力比参孙,一掌劈下了他的头,而变成了民族的救星。按照心理分析,砍头原象征着阉割,因此这一行为其实象征着朱蒂斯阉割了奸污她的童贞的男人,正如那位新婚少妇在梦中所做的那样。

海拜尔用一种极美妙的语言,使伪《圣经》(apocrypha。在公元初年,基督教徒是非法的,其经书也只有偷偷传抄,至二三世纪编集《新约全书》时,许多传抄的经文被认为不可靠,遂被罗马教廷放弃,这些以后不断出现的伪经,统称为 apocrypha。)中这种对爱国行为的记载染上了一层浓厚的性色彩。我们知道,在伪圣经的记载里，朱蒂斯回城时仍然自夸清白，即使查遍所有真伪圣经，也找不到任何关于她这次怪诞婚姻的记载。海拜尔很可能以他那诗人特有的敏感天赋，看穿了经文的有意造作，重新揭示出故事后面隐藏的真相与内涵。

萨德格尔（Sadger）曾对此做过绝妙的分析，这一分析使我们认识到，海拜尔之所以对这样一个素材感兴趣，乃是由于他的"恋母仇父情结"在作怪。由于他在童年期两性倾向的挣扎中总是倾向于女性，所以很自然地理解埋藏于女性心中最深层的隐秘。他还引用了诗人们对于自己为什么改变故事内容所做的解释，他们都十分正确地指出，故事本身是肤浅的、虚饰的，意在为潜意识中的动机寻找披露的借口。圣经中仅仅提到朱蒂斯是一个寡妇，为什么在剧中却变成童贞女，萨德格尔也有一段详论，我引用于下：这里的动机原在于诗人那婴儿式的幻想，意在否认父母亲间有性交关系，所以母亲成为童贞的少女。对这种分析，我想再补充一点：诗人既然已确定主角是一个童贞女，他的幻想便深入到处女膜一旦破裂后她可能有的怨愤与悔恨，从而使他在这一方面做了不少文章。

总体来说，初婚时献身与童贞的夺取，一方面固然是社会用来促使一个女人固定地依附于一个男人的手段，另一方面又十分不幸地激发了她对男人的原始之恨。这种矛盾偶尔会导致病症，但绝大多数情况下只是或多或少地抑制了性交之乐。许多女人的第二次婚姻远比第一次美满，也可以用这个道理说明。至此，这一初看上去令人迷惑的处女禁忌——原始氏族对处女的恐惧，要求丈夫不可触破妻子的处女膜——便真相大白了。

十分有趣的是，精神分析学家还常常遇到这样的女人：在她们心中同时持有两种态度——臣服和敌视，这两种态度常互相纠结，有时同时出现，有时同时消失。不少这种女人对自己的丈夫冷若冰霜，但无论如何又离不开他，每一次当她试图去爱别人时，眼前便闪出丈夫的影子。但她们实际上一点也不爱其丈夫，分析中还发现，这种女人对其丈夫的热情虽消失，但臣服的态度仍照旧，她们不愿脱出这种束缚，因为她们的报复尚未完成。当然，即使在那些此种情绪十分明显和强烈的案例中，女人也从不了解自己内心深处有这样一种报复的冲动。

附录

附录

一、儿童的性理论

如果我们完全抛开道德律条，设想自己是一种纯粹的思维生物，并从另一个星球上观看地球上发生的事情，那将会发生什么事情呢？在这种情况下，地球上的一切对我们都将是新鲜的，而其中最能吸引我们注意的将是人类中两性的存在。对我们来说，尽管这两性之间有很多相似之处，但它们的区别又是那么明显，所以即使是浮光掠影的一瞥，也能将这种区别看出来。

在儿童眼中的两性，是否也是这个样子呢？看起来，儿童并没有把上述基本事实作为他们的出发点。这就是说，他们一开始时对两性间的区别并不太感兴趣，因为他们从记事起就知道有一个父亲和一个母亲，这几乎是一种理所当然和不容置疑的事实；同样，一个小男孩对于他的姐姐（她只比他略大一两岁）也会持同样的态度。可以肯定，儿童的求知欲并不是由这一事实自动促成的，只有当他与另外一个刚出生的儿童"遭遇"时（例如在他刚刚两岁时，母亲又生了一个小孩），才会在其自我追寻（寻根）行动的激励下，产生出求知的欲望。在这种情况下，由于他一时失去了父母的亲自照顾和关怀（他亲自体验到父母已把原来对他的关怀照顾转移到这个"新来者"身上，他对此很害怕），由于他从此之后，必须同这个新生儿分享原来的一切，所以很快便滋生出某些（敌视）感情，他的思维能力也因此而大大加强了。

一般说来，这个年纪稍大一些的儿童总是对这个新来者表示出一种公开的敌对态度，并通过一种敌对的批评言论发泄出来（例如"让白鹳把他叼回去"等）。在偶然的场合，他还会对这个躺在摇篮里的小东西进行蹂躏和欺侮。一般说来，如果这两个孩子之间年龄相差较大，这种幼稚的敌对情绪就会大大减小。举例说，如果过了许多年之后，小妹妹或小弟弟还没出生，他们就会十分盼望有一个玩伴出现（就像他们在别的地方见到的玩伴一样）。

受这样一种感情和思绪的刺激，儿童便开始考虑人生的第一个大问题，即经常自己问自己，孩子是从哪儿生出来的等。他的发问或许是："这个极其讨厌的孩子是从哪儿来的？"这是人生第一个谜（它的反响似乎就是出现在神话和传奇中的无数谜语）。这一问题本身，也像其他一切问题一样，乃是某种急迫需要的产物，似乎他们思考这一问题的唯一目的，就是想阻止如此可怕的事件再次发生一样。

与此同时，儿童的思维这时已不受外部刺激的制约，自由地和独立地进行调查研究。在儿童未受到过分恫吓的情况下，他们迟早要采取一种最简捷的解决方式——直接从他的父母或保姆那儿得到该问题的答案，因为对他们来说，父母或保姆乃是知识的源泉。不用说，这种方式多数会遭到失败，他们所能得到的不是含糊其词，就是对其好奇心的严厉训斥，或者是用一种神话般的故事搪塞过去。在德国，父母们往往这样回答："孩子是鹳鸟带来的，鹳鸟从水里把孩子叼了出来。"

我有充分的理由认为，多数儿童都不满足于这样一种答案，而且对其持一种怀疑态度，虽然多数情况下他们不会公开表示出来。我认识一个三岁的男孩，这个男孩在听了保姆的上述回答后，居然背着保姆独自跑到一个大湖岸边的城堡上，想从这儿观看水中到底有没有"孩子"。我认识的另一个孩子，同样不相信这一故事，为了表示这种不信任，他慢腾腾地回答说，其实，这件事他知道得比谁都更清楚，带来孩子的不是鹳鸟，而是苍鹭。

从上述事例中我们可以得出这样一个结论，儿童们根本就不相信这一鹳鸟的传说。经过这第一次受骗（或搪塞）之后，他们以后便不再信任成年人的解释，他们已经隐隐地观察到成年人是在向他们隐瞒一件犯禁的事情，不让他们知道真相。为了继续揭开这个秘密，他们只好在暗中进行调查。经历了这样一件事情，也就意味着经历了第一次"心理冲突"。他们提出的问题是他们在本能中感到十分喜欢的，却无故地受到成年人的斥责，甚至被骂作"淘气"或"顽皮"；由于这种想法与那些被成年人批评然而成年人自己也无法接受的观念正好相反，所以这种"心理冲突"的产生几乎是不可避免的。在这样一种"心理冲突"发生之后不久，又产生出另一种"心理分裂"，心中分裂出两种理念：

一种观念被誉为"善"的或"好"的，它的出现即意味着思维的停止，最后变成一种强大的意识；另一种观念由于不断受到好奇心的驱使，所以总是提供出新的证据，由于这些新证据不被重视，所以总是被压抑，从而变成无意识的——精神病人那解脱不开的核心情结就是这样形成的。

后来，我通过对一个五岁男孩分析以后，又获得了另外一种无可辩驳的证据；通过这种证据，我进一步认识到，母亲在怀孕后，身体发生了变化，这种变化，是无法逃过儿童那敏感的眼睛的，儿童完全有能力把母亲渐渐变大的肚子同一个婴儿的出生联系在一起。在上述例子中，当这个男孩的妹妹出生时，他已经三岁半，在他四岁零九个月的时候，就已经能用准确的比喻表达出自己对性问题的清晰见解；当然，他对这种早熟的知识，一般是秘而不宣的，而当他向父母提出问题而受到训斥后，他的这种对性问题的好奇心便受到了压制，以后便渐渐忘却了。

因此，那个有关鹳鸟叼来孩子的寓言，其实并不是代表着幼儿对性的看法。事实上，儿童通过对动物性生活的观察（动物很少隐瞒其性交过程），和对动物的经常接近，对上述鹳鸟的故事早已经不相信了，他们通过独立的观察了解到，幼儿是在母亲身体内成长起来的。这样一来，这个他们一直用心思考的问题，便有可能开始沿着一条正确的道路逐渐地得到解决。但可惜的是，这种进展后来又受到了阻碍而不得不停止下来，这种阻碍是由他们自己杜撰出来的某些虚假的性理论造成的。这些虚假的性理论，大都有一种非常奇特的特征，即虽然极为荒唐，但每一种说法中又都包含着点滴真理，在这方面，它们有点像成年人在解决那些人类理性难以解决的宇宙问题时的灵感的闪光。后来的事实证明，凡是这些理论中所包含的那些正确的和切中要害的成分，一开始就与儿童机体中活跃着的种种性本能成分密切相关。这就是说，这样一些观念的产生并不是来自随意性的心理活动和偶尔得来的印象，而是性心理结构的必然产物。正因为如此，我们才有可能在这儿谈论这些典型的儿童性理论；也正是同样的原因，我们才能在所有那些我们能观察到其性生活的儿童中间发现同样的性理论。

第一种这样的理论表现出对两性间差别的忽略，对这样一种忽略，我们称之为"特殊的原始注意方式"，亦即儿童特有的注意方式。依照这种方式，他们认定所有的人，包括女人，都有一个像他自己身上那样的阳具。这一被成人视为正常性器官的阳具，在儿童眼里却成为性活动的高贵特区，一种供"自身性欲"的重要"性"对象。

儿童对这一器官做出如此高的评价，以至于他们无法想象，一个与他的"自我"相似的人，竟然会没有这一重要的器官。有时候，一个小男孩偶尔看到他的小妹妹的生殖器官时会大发议论，这种议论表明他的上述偏见已经大到足够影响他的视觉的程度，在这种时候，他并不说自己的妹妹缺少什么，而是反复地唠叨（似乎是一种自我安慰，又好像是在自圆其说）：她的"小鸡"还小，但当她长大一些时，"小鸡"就会很快变大的。这种认为女性也有阳具的观念，在儿童长大成人后仍然会在梦中出现，例如：在夜梦中，性兴奋往往使他梦见与一个女人交媾：他把一个女人掀倒在床上，正准备性交时，却发现女人生殖器部位有一个直挺挺的阳具。这一景象往往会使梦突然停止，性兴奋也随之消失。远古人类制造的种种雌雄同体的形象与儿童的这种性观念其实是非常相像的。我们注意到，对多数正常人来说，这种雌雄同体的形象并不会引起反感，但是，假如让他们看到某个真人身上的这种雌雄同体的性器官，一定会引起他的极大恐惧。

如果这种认为女人也有阳具的观念，在儿童头脑中"固着"，它就会无视后来生活中的一切影响，使这个男人永远无法排除其性对象身上一定有一个阳具的幻觉。这样一来，这个男子一旦有了正常的性生活，便很快成为一个同性恋患者，把另一个男人作为他的性对象，因为这个男人的身体和心理特征总促使他把他看作是一个女人；即使他以后结识了某个真正的女人，也不把这个女人当作性对象看待，因为女人缺少他需要的性的吸引力。

事实上，如果让这种人接触另一种类型的童年生活，这种生活准会使他感到憎恶。一个主要以阴茎的性兴奋支配的儿童，往往通过用手拨弄自己的阳具而获取快乐，如果这种行为被父母或看管他的人看见，就会受到训斥，甚至威胁说要把他的阳具割掉。这种"阉割威胁"所产生的效果，会随着儿童对这一部分的看重而增加，换言之，会变得根深蒂固和持久延续。传奇和神话

附录

证实了儿童感情中的这种变化，也证明了与这种"阉割性质"有关的恐惧。在以后的年代里，意识只有在偶然的场合才记起这种情结。当这种同性恋的男子在以后亲自看到女人的性器官时，往往把这看作是一种被阉割后的残疾，因为很快他便记起小时候的"阉割威胁"。所以女人的性器官给同性恋患者造成的往往是恐惧，而不是快乐。这样一种特殊反应，并不因为他以后学习了科学知识而改变，更何况有些科学发现认为儿童的上述假设并不完全错误。

这就是说，女人同样具有阳具。解剖学已经认识到，女性的阴蒂是一个与男人的阳具同源的性器官。生理学对女性发展过程的描述对此还做了下述补充：女人具有这个不再长大的阴蒂，在她的儿童期起着同男孩的阴茎相同的作用（二者有相同的行为）。例如：它同样是一个易兴奋的区域，很容易被触到，而它的兴奋为小女孩的性活动赋予男性色彩。在女孩的发育期，必须对这种兴奋加以压抑，只有将这种男性的性欲抛弃，才能使其身体的女性特征发展起来。相反，许多女人性机能的丧失，都是因为她们顽固地依恋于阴蒂兴奋（这种机能的丧失，包括交媾时毫无快感，或是因为压抑的持久延续，导致性活动能力完全丧失，代之以歇斯底里症的发作）。所有这些事实都证明，在这种认为女人也有阳具的儿童性理论中，的确包含着某些真理的种子。

我们还可以极容易地观察到，在这一方面，女童的看法与她的兄弟们是一致的。她们一开始就对男孩身体的这一部分（阴茎）极为感兴趣，发展到后来，这种兴趣就变成嫉妒。她们感到自己是受害者（被阉割者），希望自己也能像一个男孩一样，用阳具撒尿。当她们表达这种愿望时，总爱说："我要是个男孩该有多好。"我们知道，这句话的言外之意，就是希望对自己缺少的东西有所补偿。

如果儿童能从阳具的勃起中获得一些暗示，将会对他们开始时提出的问题的解决起推动作用。这就是说，他们将会感到，那种认为小孩子是从妈妈的身体中生出来的说法，并不是一种正确的解释。那么孩子究竟是怎样来的呢？究竟是谁使得小孩子在妈妈肚子里生长？这件事肯定与爸爸有关，爸爸不是经常说，这个孩子也是他的吗？儿童由此又想到，这件神秘的事情肯定与阳具有关；更何况他自己一想到这种事情时，阳具就开始兴奋和勃起，这一事实更证明了以上的想法。伴随着这种兴奋，还会唤起一种模糊的行动，对这种行动，儿童不知如何对付——有时会做出一种强迫性的动作，挤压、摔打，甚至捅破一件什么东西；但是，正当他有可能想到母亲身上有一阴道，爸爸的阳具会通过这一阴道进入妈妈的身体，从而创造出妈妈身体内的婴儿时，这一思想线索却突然被阻断了。这一挡路者不是别的，乃是儿童自己所持的性理论：女人也像男人一样有一个阳具。正是由于这一原因，母亲身上有一个阴道的事实，此时就仍然不为儿童所知。我们很容易猜测出，由于这一思路不能成功。很可能使儿童抛弃甚至忘记这一问题。当然，这样一些想法和疑问以后不会彻底消失，而是变成成人思考问题时的种种"原型"，但不管怎样，这样一种初次的失败都会对其后来的发展产生坏的效果。

由于对母亲身上有一个阴道的无知，使得儿童产生出另一种想法，这种想法构成了儿童的第二个性理论，即如果婴儿先是在妈妈肚子里长成，后来又从肚子里出来，这种事情如果真的发生，那只有通过母亲的肛门才行。这就是说，在他们的想象中，婴儿只能像粪便那样用力从肛中排泄出来。如果在以后的童年时代里，这个问题再次被提出，成为儿童独有的思考或两个儿童争论的一个题目，那么做出的解释就有可能是这样的：婴儿是从张开的肚脐眼中生出来的；或者，先要把肚皮划开一道口子，然后才能把婴儿取出来。这种说法恰恰与一则寓言故事中描写的一只老狼生小狼的方式一样。这样一种理论往往被孩子们公开地讲出来，而且留存在他们的记忆里，成为意识思考的一个内容。所以对儿童来说，这种理论中丝毫不包含令他们感到吃惊的东西。这些儿童完全忘记了他们小时候曾经相信的另一种性理论，也不知道这种性理论后来又受到肛门性理论的排挤；与此同时，关于要想排泄大小便的事却可以在托儿所内当众宣布而不感到为难。这就是说，这些儿童尚未远离上述习俗性成见，对他们来说，说一个人像一团粪便一样生到这个世界上并不是一种贬低，因而不会受到唾弃。他们认为，对许多动物适用的泄殖理论，理所当然地适用于人，而且他们自己准保也是以这种方式生出来的。

按照这一理论，儿童们当然也就不同意只有女人才能生孩子。如果婴儿是从肛门出来的，男人也可以像女人一样生出孩子。一个男孩子会想象自己将来也会有个孩子，对此，我们不必谴责他，说这是一种向女性化发展的变态。因为在这个阶段上，起作用的只有一种，即那种活跃的肛门性欲。

如果这种泄殖理论在童年期的后半阶段仍然保留在意识中（这种情况偶尔会有），他们对于"儿童来自何处"这一问题就有可能做出另一种回答。这种回答当然不再是前期的那种回答，它听上去有点像是一个神话故事。如：一个人吃进去一种什么特殊的东西，于是便生出个小孩。从一个精神病患者身上，也可以看到这种儿童性理论的痕迹。举例说，一个心理症患者会把给他治疗的医生领到他在墙角排泄的一堆粪便跟前，笑着说："看，这就是我今天生下的孩子。"

第三种典型的儿童性理论出现于那些偶尔看到父母性交场合的孩子身上。通过这种事件，孩子得出一种关于性的极不完善的概念。不管他们看到这一场合中的多少细节（如两人的位置、发出的声音或其他性爱动作），都会得出同样的结论，说这是一种"虐待性的性交"（或者说性交是一种施虐行为），因为他们亲眼看到强壮的人如何用强力"欺负"弱者，就好像他们在儿童游戏中看到的那种搏斗场面一样（因为在这种场面中，也有某种性的兴奋混于其中）。我现在还不能肯定，儿童在这种情况下会不会突然觉悟，把父母之间发生的事件看作是孩子出生的一个必然步骤。但总的看来，儿童并没有领悟到这一点，因为他们总是把这种性爱活动解释成一种暴力活动,但这种施虐概念本身又会造成这样一种效果:使他们回想起自己初次追问孩子从何而来,从而导致阳具勃起时的那种想要做出某种残暴行为的模糊冲动。但下述可能性同样不能排除,即这种有可能导致对性交秘密的发现,而过早成熟的施虐冲动,其本身就是在模糊记起父母性交场合的情况下激发起来的;虽然儿童对这种场合还知道得不多,也没有充分利用它来解释自己的疑问,但由于父母同床而卧,这种印象必定会对他发生影响。

这种"性交乃施虐"的性理论(它本来应该作为儿童的性启蒙,却不幸把儿童引入歧途),同样是性本能中某些天然要素的表现形式,任何一个人都可以在随便哪一个孩子身上找到它的痕迹。因此,这种施虐概念在一定程度上说是真实的,它部分地表示出性爱活动的本质,而且展示出性交之前男女双方之间的那种"角斗"。在多数情况下,儿童的这样一种概念完全是通过对性交场合的偶然观察而得到的,对这一场面,他只理解其中一部分,另一部分他就似懂非懂了。在许多婚姻中,妻子常常拒绝丈夫的拥抱和抚摩,因为这种动作不仅不能给她们带来快乐,弄不好还会再次怀孕。在这种情况下,躺在同一张床上假装睡熟的孩子就会得出这样一个印象:母亲这时正在尽力躲避这种暴力行动。在另外一些时候,结婚给孩子造成的印象就是一种不断的争吵:不是高声吵架,就是挥拳动腿。对这样的儿童来说,这样一种争吵在夜间进行是毫不奇怪的,再者,当他同自己的兄弟姐妹和伙伴们接触和打架时,不也是使用同样一些手段吗?这样一种亲身的经验,更使他们对上述"施虐"概念深信不疑。

如果这个儿童第二天早上发现母亲睡的床上有斑斑血迹,他的这种概念就变得更加深刻一步了,因为这恰好是证明,昨天夜里在父母之间又发生了一场虐待和反虐待的斗争(而对成年人来说,新鲜的血迹表明性交活动的暂时停止)。人类对"血的恐怖"大都可以从这儿得到解释。儿童的错误,又一次使他不能洞察事实真相,因为显而易见的是,血迹乃是初次性交的标志。

儿童提出另一个问题与"孩子如何出生"这一问题仅有间接关系,这一问题就是:"婚配"的本性和内容是什么?对该问题有各种不同的回答,这主要取决于儿童对父母婚姻生活的偶然观察同他们自己那带有愉快感受的行动是否合拍或一致。所有这种回答的共同点是:婚姻会带来愉悦的报答和满足,但首先要不顾廉耻。我们经常听到的一种说法是:"一个人在另一个人身体中撒尿。"另一种比较文雅的说法似乎表示说话者对这个问题认识得比较清楚,即:"男人把尿撒到女人的尿壶里。"还有些儿童则把结婚看成是"两个人毫无羞耻地向对方露出屁股"。有些父母通过对孩子的教育,成功地推迟了孩子对性问题的认识。有一个十四岁的女孩,虽然已经有了月经,仍然不懂性的问题,她从书本中得出这样一种看法:结婚就意味着把两个人的血混在一起。由于她自己的妹妹还未来月经,她就强迫一个刚来过月经的女孩与她"交媾",以便把两个人的血"混合"到一处。

虽然儿童对婚姻的上述观念以后很少被记起，但这些观念日后对许多心理症患者却有极大的影响。这种影响首先可以从儿童们做的游戏中看到。在这种游戏中，一个儿童同另一个儿童之间会做出各种堪称为"婚配"的小动作。以后，这种想结婚的愿望仍然常常以儿童的上述表达方式出现，倒如，有时以一种恐惧表情或其他类似的表情呈现出来。这种"表现"乍一看当然是无法理解的。

以上所说乃是儿童在其幼年时代受其自身性本能的影响而自然产生出来的几种最重要的性理论。我自己知道，这些材料还很不完整全面，而且尚未将这些材料和儿童童年生活的其他部分之间牢牢地联系起来。为清楚起见，我还想在这儿进一步补充几点任何一个经验丰富的人都有可能漏掉的看法。举例说，我们还常常听到这样一个有意思的性理论："那人是通过接吻而怀孕的。"这种说法明显地强调了唇部性感区。就我所知，这样一种理论，多半是由女孩子设想出来的，对于那些其性的好奇心在童年时代遭受到强烈压抑的女孩来说，这种理论常常成为她们发病的根源。我有一个女病人就是因为偶然观察到一种"以父作娘"时发病的。这种"以父作娘"的做法在许多民族中极为流行，其目的大概是为了驳斥对"父权"的怀疑（因为这种疑虑从未消失）。当一个孩子生下来之后，她的一个相当奇怪的"叔叔"便一连几天待在这个家里，并穿着睡衣接待客人。大概是为了证明生育是由父母双方共同完成的，因此在孩子出生后，男人也应躺

THREE CONTRIBUTIONS TO THE THEORY OF SEX & THE PSYCHOLOGY OF LOVE | 性学三论与爱情心理学

在床上睡觉。

在儿童长到十岁或十一岁时,他们便开始知道一些有关性的知识。一个儿童如果在一种自由的和不受抑制的社会环境中长大,或者说,他有很多机会观看到性生活的真实情况,就会很快地把他知道的东西告诉别的孩子。他感到,通过传递这种知识,自己似乎已长大成人,而且高出别的孩子一头。孩子们通过外部方式学到的东西多数是正确的。这就是说,他们已经知道了阴道及其作用,但由于在伙伴们中间传来传去,往往使事实大大走样,有的还混杂着一些虚假的看法,甚至还夹杂着年长儿童拥有的性见解。这就使得这样一些理论很难完善,从而不可能解答儿童一开始提出的问题(孩子是从哪里来的?)。正如他们开始时因不知道存在一个阴道而无法真正回答上述问题一样,现在又因为不知道精液的存在而妨碍了他们对整个生育过程的理解。儿童们无法猜测,从男性生殖器中,除了排出尿液之外,还可以排出精液。在少数情况下,一个纯洁的少女会在新婚之夜大发脾气,因为新郎"把尿撒到了她肚子里"。假如这些知识在青春期之前获得,就会使儿童对性问题的好奇心重新燃起。但他们这时对性的看法,已不再是典型的,也不再带有幼年期的痕迹了。

在我看来,儿童后期对"性之谜"的种种理性解答,并不值得在这儿一一列举,因为它们没有病理学方面的意义。它们的多样性自然取决于一开始接受到的信息,而它们的意义则在于重新唤醒了无意识中孩童早期对性的兴趣;因此,日后发生的手淫之类的性活动，甚至想与父母脱离的行动，无不与此有关。无怪乎学校教师经常谴责说，儿童在这样一个年龄上接受这样一些信息，只能使他们堕落。

仅举几个例子就足以证明，这种儿童在自己对性问题的后期思考中，究竟又加进了些什么东西。一个女孩从她同学那儿听说，男人给女人身体中下了一个"蛋"，让女人在自己身体中"孵"孩子。一个男孩同样也听说过关于这种"蛋"的事情，但在他们心目中，所谓"蛋"就是睾丸（因为民间大多数人都把睾丸称为"蛋"）；然而使他最为不解的是，"蛋"是被阴囊裹住的，它怎么能时时更换？这样一些传闻，很少能解除儿童对性活动之真实过程的种种重大疑虑。女孩子们常常以为，性交仅仅发生一次，而且会延续很长时间（如二十四个小时），而且仅仅一次性交，就能使女人生下所有的孩子。

有人认为，儿童之所以这样说，一定是因为他们具备了某些昆虫生殖过程的知识。但这种猜想并未得到证实，看起来，这样一种理论很可能是由儿童自己创造出来的。另一些女孩子则根本不知道有怀孕这种事，也不知道在子宫里有个小生命，她们以为只要男女睡上一夜，第二天就生出了孩子。玛赛尔·普列福斯特曾把女孩的这一错误想法编写成一个有趣的故事（《女人的信》）。

儿童青春期对性问题提出的这种种疑问，一般说来还是挺有意思的，但可惜它们与我要达到的目的相去甚远，所以我不打算在这儿深谈。我想特别提请人们注意的是这样一个事实：儿童当时杜撰出这样一些奇谈怪论，大抵是为了反驳那些被性压抑和进入无意识中的更古老的观念。

谈谈儿童在接收到上述信息后的行为方式同样是很有意思的。对许多儿童来说，他们在性方面受到的压抑是如此之深，以至他们听不到也不愿听到任何有关性方面的事情。这样一种无知状态，还可以延续到更晚些时候，例如一直到他们幼年时得到的性知识经过医生心理分析再次被披露出来时。我还认识两个十到十三岁之间的男孩，他们当然听别人说过有关性方面的事情，但他们的回答却出人意料："你的父亲和别的女人当然会干那种事，但我敢保证，我父亲是决不会干出这种事来的。"尽管儿童在年龄稍大时对性问题的好奇心会改变，但我们完全可以从他们早期的行为中找出普遍的东西，这就是：他们都急于要发现他们父母究竟是怎样生出孩子的。

附录

二、本能的蜕变

　　人们常常坚持这样一个观点：科学必须建立在清晰明确的基本概念之上。但事实又怎样呢？我们看到，没有一种科学，甚至包括最准确的科学，是从所谓明确的基本概念出发的。科学活动的真正开端是对现象的描述，然后才是对这些现象进行分组、归类和找出它们之间的联系。即使在描述阶段，人们也免不了运用某些抽象的概念去称呼眼前的材料，这些概念有着不同的来源，但绝不仅仅来自新的经验。这样一些观念——它们迟些时候将变成科学的基本概念——会随着材料的加工而更加不可缺少。开始时，这些观念有可能具有某种经验的不确定性，但毫无疑问都有确定的内容，只要它们保持这种状态，我们就能最终理解它们的含义。要达到这个目的，关键是要反复联系它们指向的观察材料。虽然我们会从这些材料中推导出抽象概念，但它们本身却仍然处于从属地位，严格说来，它们仍然是一种习俗性的东西。虽然如此，对每一种证明材料的选择仍不是随意的，而是根据他们同经验材料之间的重要关系而决定的——这种关系在为我们证明和认识之前，对我们都是神圣的。只有通过对这个领域的进一步研究，我们才能更加清楚地提出关于它的基本科学概念。这些概念经过进一步改进之后，便广为人们接受和使用，与此同时又达到逻辑上的前后一致。紧接着要做的，便是给它们下一个定义；然而，科学要想取得进步，即使在为其下定义时，也要求有一定的灵活性或伸缩性，物理科学中的例子为此提出了很好的证据。在这个领域中，即使那些已经用定义形式确定下来的最基本概念，也会随着这门科学的发展而不断变换着自己的内容。

在心理学中，这种最为常见但对我们来说仍然很模糊的基本概念，当然是"本能"。下面我们所要做的，是要从不同角度来探明和确定这一概念的内涵。

我们首先从生理学的角度来分析它。生理学中，有刺激和反射弧这样的概念。按照这样的概念，一种来自外部世界的刺激如果作用到活的机体组织上（神经器官），就会使它释放出一种朝向外部世界的行动，这一行动之目的，是使已经受到外部刺激物作用的机体避开这件刺激物，撤离到这一刺激所能达到的范围之外的某一地方。

那么在"本能"和"刺激"之间究竟有有什么关系呢？我们肯定会不假思索地把"本能"概念归并到"刺激"这一大概念中，认为本能只不过是对心理（mind）的一种刺激；但是过后我们马上又会想到，把本能同心理刺激当作同一种东西看待是不太合适的。很明显，在对心灵的各种刺激中，除了来自本能的那些刺激外，还有种种其他刺激，这些刺激看上去更像是一种生理的刺激。举例说，当一束强光照射到眼睛时所造成的刺激就不属于本能刺激，但是，当食道上的分泌黏膜因为干渴而变得干燥时，或是胃部因为饥饿而开始疼痛时，这种刺激便成为本能的。（我们假定这些内部活动是构成干渴和饥饿这样一些需要的机体基础。）

我们现在已取得足够的材料，把来自本能的刺激同作用于我们心理的其他刺激（如生理刺激）区别开来。首先，凡是来自本能的刺激都不是来自外部世界，而是来自机体自身。因为这种刺激会激起一种完全不同的心理效果，而且需要采取一种完全不同的行动才能消除这种刺激。进一步说，一种外部刺激的最重要和最关键的特征，是它总是作为一种单一的冲击力出现，因此只会引起与之相应的单一的反射行为，最典型的例子是某些刺激引起的逃跑行为。当然，这样一些冲击力会重复发生，它们的力量会积聚得愈来愈大，但是，在我们心目中，它并没有发生本质上的改变，因为用来消除这种刺激所需要的基本条件并未因此而改变。从另一方面说，任何一种本能从来都不是一种瞬间即逝的动力，而是一种永恒的力量。但是，如果它的冲击不是来自机体外部，而是来自机体本身，那么任何逃避行为都不可能将其消除。因此，为了把这种来自本能的刺激区别出来，我们最好称之为"需要"。凡是能够消除这种"需要"的行为，我们称之为"满足"，"满足"只能通过适当改变内在"刺激源"而达到。

设想有一个完全无助的活的有机体，它在这个世界上还未找到一个稳定的定向，这时恰好有一种"刺激"作用于它的神经组织上，在这种情况下，这个机体很快就能做出第一次区别和获得第一个定向。一方面，它会分辨出那些仅仅通过肌肉的逃避活动便能消除的刺激，并把它们归并到外部刺激中；另一方面，它还会分辨出另外一种完全不同的刺激，对这种刺激不能用肌肉的逃避行动消除，它们是内部世界的标志，是本能需要的证明。这就是说，生命机体本身的嗅觉能力会发现其肌肉活动有着这样一种特殊的功效：把"外部"和"内部"区别开来。

这样，我们便对"本能"的本质特征有了初步的认识，这种初步的认识是通过考虑它的主要特征而得到的，如它来源于机体内部的刺激，它呈现为一种持续不断的力等等。由此我们又进一步推导出它的另一个明显的特征：这种本能力量不能通过逃避的方式予以消除。

在列举出这样一些特征之后，我们不由得想起了另一件事实，这件事实促使我们的探讨更加深入一步。在这里，我们不仅仅是把某些习俗的东西当作基本概念而运用于我们通过经验而获得到的材料中，而且还运用各种各样的复杂假设，去引导我们探索各种心理现象。

我们已经对这些复杂假设中最重要的一个作了引用，它要求我们即刻对它做出重点考虑，这一假设基本上是从生物学角度提出的，而且运用了"目的"（换言之，是手段同目的的适应）这一概念。这一假设如下，神经系统乃是这样一种装置，它的作用就是消除那些到达它的刺激，或者说，将这种刺激引起的兴奋减少到最低水平。如果上述假设说得通，神经系统就应该处于一种似乎未被刺激的状态（或非兴奋状态）。如果暂时先不考虑这一假设中提到的事实是否有例外，我们就应该承认，神经系统的任务就是控制刺激（或消除刺激）。

我们看到，当我们使用"本能"这一概念时，原以为很简单的生物反射机制就变得非常复杂起来。外部刺激为机体带来了一个单一的任务——使自己避开这种刺激，这一任务是通过肌肉的运动完成的。如果某种运动可以达到预定的目标，而且最适宜达到这一目标，久而久之便成为遗传的倾向，但是，那些来自于机体内部的本能刺激却不能以这种方式消除。所以，它对神经系统提出了更高的要求，并迫使它做出种种复杂的和相互依赖的活动，这些活动能引起外部世界的变化。使它们为内部刺激（需要）提供满足。最主要的是，本能的刺激（需要）会迫使神经系统抛弃其避开刺激的最终意图（或目的），因为这种刺激总是源源不断地到来。

因此，我们满可以得出这样的结论：进步的真正动力是本能（内在需要）而不是外部刺激，正是这种动力，才卓有成效地促进了神经系统的发展，使它达到现有的高水平。当然，我们也会由此而想到，本能本身按其需要（至少是部分地）积淀或制造出种种不同的外部刺激形式，这些形式在生物的种系发生过程中，又反过来改造了机体本身。

以后,当我们进一步发现,即使那些发展到最高水平的心理器官(装置)的活动,也都服从"快乐原则",换句话说,也会自动地被那些属于"快乐—痛苦"系列中的感情所制约,就会不可避免地得出另一个假设:这些感情反映了一种支配刺激物的过程。这就是说,痛苦的感情与刺激的增加有关,快乐的感情则与刺激的减少有关;但是,由于这样一种假设目前还极不确定,所以我们只有小心从事,才能取得成功。在可能的情况下,我们还可以一方面发现"快乐"与"痛苦"之间究竟有一种什么关系,另一方面又能发现"刺激"在量的方面的起伏变化对心理活动的影响。可以肯定,我们会发现各种不同的"关系",有些并不那么简单。

假如我们从生物学角度去考虑心理生活,"本能"在我们眼里就会成为一个位于精神和物质之间的"边缘概念",它既代表着来自机体内部(一直到精神领域)的刺激,同时又是衡量精神为了肉体的需要应付出多少精力(由于它与身体之间的联系)的一个尺度。

现在我们应该做的,首先是讨论与本能这一概念有关的某些字眼,如本能的动量、本能的目的和源泉。

本能的动量是指它的动力部分,如力的大小或是需要付出的能量的程度等,冲动或刺激是一切本能共有的典型特征,也是它的本质。实际上,每一种本能都是一种活动,如果我们有时说某种本能是一种被动性的本能，那就意味着它的目标是被动性的。

至于说本能的最终目的，在任何情况下都是指"满足"，而"满足"只有靠消除本能中产生刺激的条件才能达到。但是，虽然满足在任何情况下都是本能的终极目的，但导向这一终极目的的方式却各个不同，所以我们往往会发现一种可能有各种较近的或处于中间位置的目的的本能，这些目的既可以相互结合，又可以相互交换。经验还告诉我们，本能的目的还有被抑制的时候，这时，每当它向着"满足"的方向前进一步，就要受到抑制甚至偏离这个方向。我们可以设想，即使在这种情况下，本能也可得到部分的满足。

本能的目标，则是指本能可以在其中或通过它达到目的的东西。这是与本能有关的所有因素中最变幻不定的东西，它最初与本能无关，只是由于它特别适合于提供"满足"，本能所以才开始附着于它。目标不一定是一个外部事物，它也许是主体身体的某一部分，也许时时变换着，在生命的进程中，本能转换多少次，它也就变化多少次。目标所起的重要作用，是它在本能中的置换作用。有可能发生这样的情况：同一种目标可以同时满足好几种本能。对于这种现象，阿德勒称之为本能的"合流"，然而最能表达本能与目标之间的密切关系的字眼是"固着"，"固着"常发生于本能发展的早期，它可以结束本能的运动状态，通过激烈的抗争，这种"固着"终于变得牢不可破。

所谓本能的源泉，主要是指某一组织或身体某一部分的"机体活动"。通过这种活动，便产生出一种刺激或兴奋，在心理活动中则为本能冲动。我们现在还不知道这种活动究竟是一种通常的化学活动，还是一种同机械力的释放相类似的活动。对本能之源泉的研究已超出了心理学的范围。虽然发源于身体内部是本能的一个独特而重要的特征，但在心理活动中，我们只能通过它的目标才能认识它。严格说来，对于本能之源泉做出更准确的认识并不是心理学研究的目的，在多数情况下，其源泉可以直接从它的目的中推导出来。

我们是否可以设想，那些作用于精神但又源于肉体的种种不同的本能，是通过它们质的不同而区别开来的，而且它们在精神生活中的作用方式也各有质的不同，这一假说未必正确。我们更喜欢做出一个更加简单但又有效的假说，这就是：各种本能在质上都是相同的，它们之所以产生出不同的效果，是因为伴随它们的兴奋强度的不同；或者更进一步归因于由这种量造成的某些功效的不同，不同的本能产生出不同的心理效果，这一点可以追溯到它们源泉的不同。在任何一种事件中，只有在较晚出现的联系中，我们才有可能弄清所谓"本能的质量"所真正标示的东西。

那么，究竟有多少种本能？它们都是些什么？当人们说到游戏本能、破坏本能或社会本能等字眼时，没有人会提出反对意见，觉得这些概念不够贴切。这一方面是由于他们只考虑个人自身的需要，另一方面是由于心理分析的局限。但我们不能不继续追问，在这样一些专注于一个方面的本能动机后面，是否还有另外一些比之更基本的本能动机作为其推动力呢？是否应当说，只有这些更基本的动机，才有权使用"本能"这个字眼呢？

　　我早已说过，我们至少可以辨别出两种最基本的本能：一种是生存本能或自我本能，另一种是性本能。生物学研究表明，"性"与个体的其他功能并非位于同一层次上，因为它的"目的"超出了个体，它的内容就是产生新的个体——种族的保存和持续。生物学还进一步证明，对于自我同"性欲"之间的关系基本上有两种看法，而且表面上都有道理：一种是自我被视为头等重要的东西，性爱是它的诸种活动中的一种，性满足则是它诸种需要中的一种；另一种看法认为，个体被视为一种短暂的和迟早会死亡的东西，附属于本种族传给它的那种永不灭绝的种质（生物学专有名词）。那种认为性功能与身体其他功能之不同在于它的独特的化学过程的说法，我个人认为这只不过是艾赫尔生物学派研究的一个重要出发点。

　　由于从意识方面对本能的研究有几乎不可逾越的困难，所以心理分析对心理失调的研究就成为探索本能的主要手段和源泉。这种研究迄今已经为我们认识性本能的较确定的性质提供了许多材料和信息。它之所以能取得如此成就，主要是因为只有这种独特的研究方式，才能如病理分析那样，单独进行观察。随着心理分析向其他神经作用范围的推广，我们肯定能发现认识"自我本能"的基础，虽然期望在更多领域中获得这种有利的观察条件还为时过早。

对于性本能的一般特征,我们可以做如下的归纳:它们为数众多,而且从各种不同的器官发放出来,起初各自独立,只有到达最后的阶段才成为综合的整体。其中每一种本能所追求的目的都是"器官快感",只有当它们成为一个综合的整体时,它们才真正服从于生殖的功能,从而真正转变为众所周知的性本能。在刚刚呈现时,它们与"生存"本能混为一体,并依靠它维系自身,以后又逐渐脱离它,成为独立的存在。在选择对象时,它们同样步自我本能(生存本能)的后尘,其中有某些自始至终都与自我本能连接在一起,成为它的总构成中的性欲成分。在正常情况下,这些性欲成分很容易逃避注意,只有当病症出现时,它们才能被清楚地认识出来。它们还具有这样一个突出的特征——由于它们均具有高度的相互替代能力,所以可以随时改变自己的(追求)目标。这一特征使它们有能力从事各种各样的活动,这些活动均大大不同于(或脱离了)它们开始达到目的的方式(即升华方式)。

对这样一些活动,我们可称之为本能的蜕变形式,即本能在其一生的发展过程中所经历的变态形式。我们目前所探讨的,则是性本能的蜕变形式,因为性本能是我们最熟悉的。观察表明,一种本能可以经历下列蜕变:

通过倒错,转变为其对立面;

回返到主体自身;

抑制;

升华。

我在此不打算探讨升华问题，而对"抑制"问题的阐述则需要另辟章节；所以，剩下来需要我们讨论和描述的只有前面两种。此时我们应该牢牢记住：由于这里所讲的倾向同本能之直线性追求目标的倾向正好相反，所以很可能将上述蜕变看成是反本能的自卫形式。

对本能通过倒错而转变为其对立面的活动做仔细审查，就可以把它分解为两种不同的活动：一是主动活动向被动活动的转变，二是其内容的完全倒错。由于上述两种活动有着本质的不同，所以必须分别阐述。

关于第一种，我们可以从两组相互对立的活动中找到，即：性的施虐欲——性的受虐欲（以后简称施虐欲和受虐欲），"见色思淫欲"（以后简称色淫）——裸露欲。上述倒错仅仅指本能的目的（即目的的倒错），即被动的目的（如喜欢被虐待折磨或喜欢被观看）为主动的目的（即虐待和视淫）所替代。至于目的的倒错，则只可以在一种例子中见到，即爱转变为恨。

至于本能回转到主体自身，我们可以从下述角度考虑，如：受虐欲其实是施虐欲将施虐目标转向主体自身的"自我"；裸露欲实际是喜爱盯视主体自身和身体（将视淫目标转向自身）。进一步的分析和观察使我们对下述事实深信不疑：受虐者其实喜欢自己的身体受到折磨，裸露欲患者则喜欢自己的身体暴露在外。因此，上述活动的真相，实则是目标的转变，其目的本身并没有改变。

但我们绝不能忽视，在上述例子中，返回主体自身以及从主动转向被动皆发生于同一种活动中。要想对这两种活动之间的关系做出阐明，需做出更加深入彻底的调查研究。

对于施虐——受虐的总过程，可以说明如下：

1. 施虐是指行使暴行或施强力于他人，他人即成为施虐的目标。

2. 放弃这一外在目标，由主体自身之"自我"加以替换。随着向主体自身的回返，本能的目的也发生了从主动向被动的变化。

3. 再次把另外一个人转为目标。由于本能在目的方面发生的变化（从主动向被动），这另外一个人同时又可以被看作开始时的主体，只不过这时发生了从主动向被动的转变。

第三种情况，一般被称之为受虐，由这一活动所得到的满足，可等同于原来的施虐活动的满足。这个被动的自我在幻觉中使自己回到开始时的情景中，只不过现在它自身已让位于自我之外的另一个主体罢了。除此之外，是否还有另一种更为直接的受虐满足，这是大可怀疑的，那种所谓的纯的受虐（即一种不同于从施虐中转变而来的受虐）至今还没有遇到过。因此，我们对上述第二阶段的假设看起来并非多余。当我们观察迷狂症患者施虐冲动时，事情就更清楚了，在这种情况下，这种转变仅是一种向主体自身的返回，而没有由被动态度向主动态度的再转变（第三阶段）。这就是说，这种转变仅仅到达第二阶段。自我折磨和自我惩罚出自于一种虐待欲，但不是一种受虐狂；其主动的愿望发生了变化，但还没有转变成被动的愿望，而是转变成一种反身的（折回的、反射的）中性愿望。

至于施虐欲，由于本能除了有一个一般性目的之外（或二者结合为一体），还追求一个相当专门的目的：除了支配和统治目标之外，还要使之痛苦；所以就更为复杂。心理分析似乎想证明，这种施虐在本能对原来目的的追求中并不起什么作用。举例来说，施虐的儿童并不注意它是否造成了痛苦，他们的目的不在这里。但是一旦施虐开始向受虐转化，这种痛苦经验就很快被我们当作一种被动的受虐性目的。因为我们有种种理由相信，这种痛苦的感受，也同其他不愉快的感受一样，扩大为性的兴奋，造成一种愉快的优势。为了得到这种愉快，主体宁愿经历疼痛造成的不愉快。不管在什么情况下，只要疼痛的折磨被经验为一种受虐性目的，就可以被转化为一种施虐的情势，产生出一种"施加痛苦"的施虐性目的。这种"施加痛苦"的活动也可以被主体经验为一种向别人施加痛苦的施虐性愉快，因为在这种情况下，主体本身与承受痛苦的客体已达到认同。当然，不管出现哪种情况，都不能说痛苦本身是愉悦的，真正快乐的是与之伴随的性兴奋。这在施虐者方面又是很容易达到的，因此，由痛苦造成的这种性快乐乃是最为基本的受虐目的。当然，它还可以随之转变为施虐本能原来的目的。

为了完善我的阐述，我必须补充另一点，即同情不是施虐本能转变的结果，而是与这种本能相对抗的"反应过程"的必然产物。

对另一组对立面的研究导致了另一种不同的，但又更简单的结果。这组对立面即上面所说的，视淫（观看欲）同自我裸露欲（在正常语言里被称为偷看下流场面欲和裸体癖）之间的对立。在这儿，我们仍然像上面那样，把它分为三个阶段：1.即"视淫"作为一种直接指向外在物体的活动；2.放弃外在物体，观淫本能转向主体自身的某一部分，从而成为被动的，并为自己确立另一个目的——自身被观看；3.形成一个新的主体，这个主体为了被观看而展示（裸露）自身。毫无疑问，在这里同样是主动目的先于被动目的出现，视淫欲先于裸露欲出现。但它又与施虐欲中发生的事情有着重要的不同之处，即：我们可以在视淫本能中认识出一个比上述第一阶段更早的阶段。这就是说，视淫本能在其活动刚开始时，是一种朝向自身的性欲，它的确有一个目标，这个目标就是主体自己的身体；只是在后来，这种本能才通过比较，从这个目标转向另一个人的身体（与之类似的身体），这就是上述第一个阶段的开始。这一初始阶段之所以有意思，完全是因为它是以后产生的那组对立面中呈现的两种情势的发源地。下面的图表，可以作为对这种视淫本能的粗略说明。

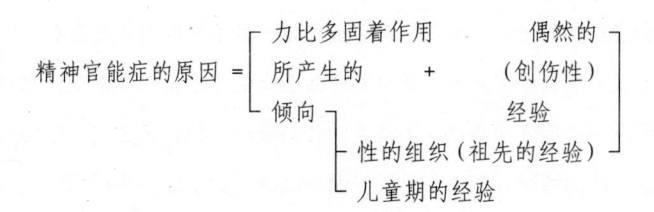

精神官能症的原因 = $\begin{bmatrix} 力比多固着作用\\ 所产生的\\ 倾向 \end{bmatrix}$ + $\begin{bmatrix} 偶然的\\ (创伤性)\\ 经验 \end{bmatrix}$

$\begin{bmatrix} 性的组织（祖先的经验）\\ 儿童期的经验 \end{bmatrix}$

这样一种初始阶段在施虐本能中是没有的，因为施虐本能一开始时就直接指向一个外在的目标，虽然把这一阶段视为儿童开始控制自己四肢的阶段也并非全无道理。

以刚才阐述的两种本能为例，我们可以得出这样一种看法，即：它们从主动向被动的反向转变，以及它们向主体自身的回返，事实上根本或从来就未涉及本能所具备的全部推动力。在一定程度上说来，它的较早阶段上的主动趋向同较晚阶段上的被动趋向总是并列存在的，尽管它们的变形非常厉害。因此，对于视淫本能的唯一正确描述乃是：它发展阶段上的所有阶段，包括它朝向自身的性欲，它的初始阶段和它的最终的主动形式或被动形式，都是同时存在、一起发展的。如果我们的阐述不是基于本能发起的活动，而是基于本能的满足机制，它的真实性就更为明显。

我们还可以用另一种更合理的方式对其做出思考和描述，例如：我们可以把每一个本能的"生命"分裂成一系列"希望"（或盼望）。它们出现的时间各不相同，但在它自身存在的一段时间内，却自始至终不变（同质）。各个"希望"之间的关系，恰似熔岩的连续性喷发，这样一来，我们所能描绘的那种最早的和最原始的"本能喷发"实际上是以一种不变的形式存在着，根本就未经历任何发展（成长）。接下来的"希望"或许在开始时经历一次形式的变化，如从主动转向被动，但自此之后，便保持这一新的性质，从而在早期层面的基础上，增加一个新的层面，而不是以新的代替旧的。假如我们对这种本能倾向从开始产生到某一特定停顿的过程，做一番观察，我们所描绘的这一"希望"序列将会把本能的一步步发展的过程明确地呈现出来。这意味着，即使在本能发展的晚期阶段上，尚可观察到其早期形式的存在与它的对立面（被动的）同时存在着。对于这一事实，鲍勒曾使用"矛盾心理"这一字眼去称呼它，我认为这个字眼是再合适不过的。

对某种本能之发展过程和整个发展过程中各个中间阶段的持久性质的上述描述，使我们对这种发展过程的了解更加全面。经验证明，随着个人、群体和种族的不同，这种"矛盾心理"的矛盾对立程度也就不同（即反向发展的程度）。当今人类本能中那些最为明显的"矛盾心理"可视为一种来自远古的遗传，因为我们有理由假定，在原始时代，这些原始的积极冲动在本能活动中起的作用，要比其现代作用的平均水平高得多。

我们习惯上把自我发展的这一早期阶段（在这一阶段，它的性本能获得的是一种"自身——性欲"的满足），称之为"自恋期"，但至今还未来得及就"自身性欲"同"自恋"之间的关系进行讨论。其结果是，在我们讨论视淫本能的初级阶段时，只要主体自己的身体成为视淫的对象，我们就把它称之为"自恋"和"自恋的构成"。从这一阶段起，积极的视淫本能就脱离了自恋期开始发展起来，而与之相反的被动性视淫本能则紧紧地盯住自恋对象；同样，从施虐向受虐的转变也预示着向自恋对象的反转。在上述两种情况中，自恋（积极的主体）与另一个外部的自我做了等价交换，仅仅考虑施虐本能初始时的自恋阶段，我们就可以得出如下的一般性见解：本能的种种蜕变，从它向主体之自我的返回，到它经历的从积极性向被动性的反转，都取决于自我的自恋机制，而且带有这一阶段的烙印。或许它们代表的是一种自卫性企图，这种自卫活动在自我的更高的发展阶段上，是由其他手段激发的。

到此为止，我们还只讨论了两种本能及其对立面，这就是：施虐—受虐，视淫欲—裸露欲，这是一些以"矛盾心理"形式来说的最有名的性本能。其他一些晚期出现的性本能成分，目前的分析还无能为力。因此，不能以同样的方式做出讨论。总体来看，我们可对它们做出如下判断，它们的活动是"自身—性欲"型的，换言之，它们的目标与作为它们之源泉的器官相比较，是微不足道的，而且一般情况下，这二者是重合为一体的。视淫本能的目标，虽然开始时是主体自己身体中的一个部分，却不是眼睛本身。在施虐本能中其器官源泉或许是一种具有活动的能力的机体组织，这就决定了它必然追逐一个其自身之外的目标，当然并不排除这个目标是主体自己身体中的某一部分。在"自身—性欲"本能中，由器官方面所起的作用是决定性的，按照费德恩和叶开尔斯的假设，器官的形式和功能决定了本能的目的主动性和被动性。

一种本能的"内容"向其对立面的转化，可以在下面仅有的一种情况下观察到，这种情况就是由爱向恨的转化。这种爱与恨同时指向同一个目标的情形极为常见，这种"共存"现象为人类感情生活中的"矛盾心理"提供了一个最为重要的例子。

爱向恨转化的例子之所以引起人们的极大兴趣，主要是它不属于我们所提到的本能中的某一类。毫无疑问，在这两种相反的感情之间有一种极为密切的关系，但没有人会很自然地想到"爱"乃是性欲本能的一个特殊的组成成分，正如我们刚才讨论的其他本能也是它的一个组成成分一样。人们宁愿把"爱"看作是整个性欲生活的一种表现，但这样一种看法并没有消除我们的困难，我们不知道在这种对抗中，最基本的对立是什么。

在"爱"中，不是仅包含着一种，而是包含着三种对立：首先是"爱—恨"的对立；其次是"爱—被爱"的对立；除此之外还有第三种对立，即爱与恨合并在一起之后，与一种中性状态（或无动于衷状态）的对立。这三种对立中的第二种，即爱与被爱的对立，正好同上面说的由主动向被动的转化相一致，也可以与视淫本能的最初的情形相一致，这种情形就是"爱自己"，即我们说的典型的"自恋"。紧接着，根据那作为客体或主体的自我是否转换为一个外在的对象，便使它产生了爱的主动性的目的或"被爱"的被动性目的，后面一种与"自恋"紧密相关。

如果我们想到我们自己作为整体的心理生活要受到下列三种对立面的支配【即：主体（自我）—客体（外部世界）、愉快—痛苦、主动—被动】，就能更好地理解"爱情"中包含的各种各样的对立。

正如我早已说过的，自我与非自我（外部世界）的对立（即主体与客体的对立）在其早期阶段上，就已经出现在个体存在中。例如：个体感到它可以通过肌肉的活动消除（驱赶）外部来的刺激，而它在那些内部刺激面前却显得无能为力。这样一种对立总是凌驾于我们所有的思想活动之上，也是我们研究面临的一个最基本的情况，无论如何也无法逃避。愉快—痛苦的两极对立建立于一套情感系列，它在决定我们的行动（意志）方面具有至上的意义，对这一点，我们已做过强调。至于主动与被动之间的对立，我们不可与自我主体同外部物体之间的对立相混淆。自我只要从外部接受刺激，它同外部世界的关系就是被动的；只要它对外部刺激做出反应，这种关系就成为主动的。它的本能迫使它以一种特定程度的主动性对付外部世界，因此，如果我们着力强调物质的本性，就有可能说，自我主体相对于外部刺激而言是被动的。而相对于它自己的本能来说，又是主动的，主动与被动间的对立，在后期和男性与女性间的对立相结合（或携手）。对于"男性—女性"间的对立来说，除非上述接合发生，否则就没有心理学方面的意义。主动性与男性的融合，被动性与女性的融合，往往被我们认为是一种生物学的事实，但它并不像我们习惯认为的那样，是一种永远不变的和唯一的事实。

在我们的心理中，上述三组对立体以各种各样有意思的方式相互联系着，其中有一种可称之为最初始（最基本）的心理状态，在这种状态中，上述三组对立体中有两种重合在一起。当心理活动刚刚开始时，自我的本能指的是自我本身，因此它能在一定程度上从自身中获得自身的满足，这种状态被我们称为"自恋"，而这种导致满足的潜力则被我们称为"自身情爱"。在这一阶段上，它对外部世界一般并不感兴趣，因为它对它的满足的获得并无多少意义（中性的）；因此，在这一阶段上，"自我主体"同快乐的东西，外部世界同中性的东西（即那些对它无所谓的和使之无动于衷的东西），其实都是重要的，或者说，它们都是一回事儿。根据这一点，我们可以为"爱"下这样一个定义：所谓"爱"，就是自我同它的快乐之源发生了联系。根据这样一个定义，这种"自我只爱它自己而对外部世界无动于衷"的现象，就成为所有包含着"爱"的两极对立中的最初一种。

只要自我仅仅是从自身获得情爱的满足，它就不需要外部世界；但是，由于本能所带来的经验，它又倾向于在外部世界中发现"对象"，因而很可能在一段时间内，其内在本能刺激只能使它感受一种痛苦。由于"快乐原则"的支配，这时产生出一种新的状态，这就是：外部对象只要它是快乐之源，就会呈献给主体，并被主体之"自我"吸收进去，成为一种"内向投射"（该字眼为佛朗西斯所杜撰）；同时，自我也将自身内部任何导致痛苦的东西投向（或归因于）外部世界（即投射机制）。

由此，最初的总是通过一种可信的客观标准来区分内部和外部的"现实—自我"便成了一种单纯的"快乐—自我"，换句话说就是，变成了一种"自我"，这种"自我"把快乐看得高于一切。对于这个"快乐——自我"来说，外部世界分成两部分，一部分是快乐的，这部分被它吸收进来，与自己结合为一体；另一部分则被它视为异己的。与此同时，它自身的一部分也被它切割下来，投射到外部世界，成为与它自己敌对或有害的东西。按照这样一种新的排列方式，就产生了两组对立叠合，即：

自我——主体同快乐的叠合；

外部世界同痛苦的叠合（更早些时候，被视为中性的）。

这就是说：当一开始的自恋阶段被外部对象侵入时，又产生了第二种与爱截然相反的态度，即恨。

如上所说，自我的"目标"一开始是由生存本能从外部世界提供给它的。不可否认，"恨"标示着自我同异己的外部世界的关系（异己的世界即不断地给予它痛苦刺激的世界）。至于中性状态，则又可被看作是"恨"或"抛弃"态度的一个特例：因为它一开始时，就是作为"恨"的先导出现的，因此，在开始阶段，"外部世界""对象"以及被"恨"的东西，其实是一回事儿，只是到了后来，物体才呈现为自我的快乐之源，从而变成"可爱"的。但这时它又往往被自我所吸收，并变成自我的一部分。在这种情况下,这种纯化的"快乐—自我",又一次把"对象"视之为:外在的、异己的和可恨的。

但我们又注意到,正如"爱与无动于衷"的对立反映了"自我"同"外部世界"的对立一样,第二种对立,即"爱"与"恨"的对立,也再现了"快乐"与"痛苦"的对立。当纯粹的"自恋阶段"让位于"对象阶段"时,快乐与痛苦的关系则表明着自我同对象的关系,当对象变成快乐情感的源泉时,就产生出一种"运动"倾向——即一种想摄取对象,并把它与自我结合为一体的倾向。在这种情况下,我们就说,"那造成快乐的对象"具有"吸引力"或"我们爱这个对象"等等。相反,当对象是造成痛苦情感的源泉时,就出现了一种极力想增加和扩大对象与自我之间距离的倾向。它与对象的关系恰恰就是开始时那种极力逃避外部世界,以躲避其有害刺激的关系。这时,我们就从对象中感到一种"排斥力",并开始恨它,这种恨还可以进一步强化,滋生出一种想消灭和毁掉这一对象的侵略性倾向。

当本能从一个对象获得满足时,我们很可能会说,它"爱"这个对象;但是,当我们说它"恨"一个对象时,听上去就有点不顺耳。这就使我们意识到,爱和恨的态度并不是本能同其对象之间关系的特征,只有作为一个整体的自我同对象之间的关系,才可以用"爱"或"恨"等字眼表示。但是,如果我们考虑用另一种有关爱和恨的口语表达时,就会看到爱与恨之含义的另一种局限性。在提到那些有助于我们自我保持的物体时,我们一般不说"我爱它们",而是强调我们需要它们,或许还要附加上另一种不同的语言成分,表示我们同对象之间还有另外一种关系。一般说来,这种附加语言所表示的"爱"的程度小一些,举例说:"我喜欢它",或是"我赞同它"等等。

这样一来,"爱"这个字眼,便被逐渐专门化了,开始时用于自我同其对象之间的一种"愉快关系",后来又用于主体的性爱对象,最后竟狭隘到仅用于那些能满足性本能升华之后需要的对象。实际上,把自我——本能同性本能区别开来(这种区别也是心理学所要做的),同我们语言的使用方式是一致的。例如,我们习惯上从来不说"某一种性本能成分"爱它的对象,而是觉得,只有在表示自我同它的性对象的关系时,才最适合使用"爱"这个字眼。从这一事实可以看出,只有当所有本能成分围绕着服务于生殖的性器官组成一个综合的整体时,才适合使用"爱"这个字眼。

众所周知,在使用"恨"这个字眼时,就不存在这种性爱快乐和性功能的密切关系,相反,这种关系的痛苦特征倒成了其主要的和决定性的特征。自我对一切成为其痛苦根源的对象都痛恨、厌恶,甚至想彻底摧毁它们,并不计较是因为它们阻碍了其性欲的满足,还是因为它们仅仅能满足其自我保存和自我维持的斗争中。

因此,我们平时视之为一组根本对立的"爱与恨",其实并没有什么密切关系。它们并不是从同一个原始要素中分裂出来的,而是来自于不同的地方,每一个都有自己独特的经历,只是后来由于"快乐—痛苦"关系的影响,它们才被撮合为一组对立的感性范畴。

"爱"起源于自我通过获得"器官快感"来满足其自身性欲的能力。开始时是自恋式的,后来便转向合并到自我之中的"对象",现在则大大扩大,表示自我的一种动态的追求——对那些可成为快乐源泉的对象的追求。它与较晚些时候出现的这种性本能的活动紧密相连,当这些性本能完全综合为一个整体时,它便同整个性欲趋向合并为一体。"爱"在开初阶段,展示为一种短暂的性的目的,而性本能则通过一种复杂的发展而消失。开始,我们可以在其中识认出一个"合并"或"吞食"阶段——这是爱的一种形态,等于是消灭或清除对象中一切异己的存在,因此,被称之为一种"矛盾心理"。在更高阶段上,对对象的追求则显示为一种掌握对象的冲动,在这一时期,损害和消灭对象对它简直是一种无所谓的事情。因此,爱在这个阶段上的表现形式与"恨"对外物的行为差不多(无所区别),只有当生殖系统发育完全时,"爱"才成为恨的对立面。

恨与对象之间发生关系的时间要比"爱"早得多,它来自于开始时"自恋的自我"对外部世界(这个世界不断强刺激)的排斥,作为一种由外物引发的痛苦反应的表现,它同生存本能自始至终保持着一种亲密关系。因此,性本能和自我本能,很容易发展为对立关系。这种对立即后来的爱与恨的对立。当性功能被自我本能支配时,它们便将"恨"的性质,转嫁到本能的"目的"上面。

爱产生的历史和源泉使我们懂得，为什么爱向来呈现为一种矛盾心理——即为什么爱总是伴随着对同一物体的恨。恨与爱的这种混合，可以部分追溯到爱的初始阶段。这一阶段并未完全消失，并且部分建立于自我本能的厌恶的和痛苦的反应，这种自我本能通过在自我利益和爱的吸引力之间频繁选择和衡量，最终才会得到真实的和实际的动机的支持。因此，在上述两种情况中，恨之所以混入爱，其根源却在自我保存本能。当与某一特定对象"爱"的关系破裂时，常常伴随着"恨"，我们常常误以为这是爱转化为恨。这样一种特征还可以同我们对"施虐欲"的描述联系起来；换言之，这种因现实的考虑而导致的恨，会因为爱本身退回到施（淫）虐欲的初始阶段而得到加强。在这种情况下，恨便有了情欲特征，从而使爱的关系得以保持。

"爱"的第三种对立，即爱转变为被爱，其实代表着主动性与被动性之间的转化关系，因此对它的判断可采取我们在对待施虐欲和视淫欲时采取的方式。因此，作为本文的总结，我们可以得出这样一个总体的看法：本能所经历的蜕变，有这样一个基本特征，即它们总是服从于那支配心理生活的三大"对立项"。对于这三大对立项，我们还可以做出下述描述：主动性与被动性的对立是生物性的，自我与外部世界的对立是现实性的，快乐与痛苦的对立是经济性的。

对本能所经历的上述蜕变，我一般称之为"压抑"，关于这样一个概念，我还要在别的文章中专门论述。

三、性道德文明与现代人的不安

艾伦费尔斯(Von Ehrenfels)在新近出版的那本有关性伦理学的书中,指出了"自然的"性道德与"文明的"(文化的)性道德之间的区别。在他看来,"自然的"性道德乃是一个种族为保持该种健康的发展和旺盛的活力而对其成员施行的控制系统,而"文明的"性道德则意在激发人们更加辛勤、更加孜孜不倦地从事文化活动。他强调说,如果把人类的天性与他取得的文化成就相比较,就更容易认清这两种性道德之间的强烈对比。为了说明艾伦费尔斯的这一重要想法,我想多少引用他在这方面的一篇论文,同时也作为我对这一问题之看法的依据。

可以设想,当"文明的"性道德占压倒优势的时候,个人生命的健康发展与活动就可能受到损害,而这种牺牲个人、伤害个人以照顾文明的倾向一旦超出了界限,必将反转过来有害于原来的目的。艾伦费尔斯已经在他的论文中列举了一系列这类恶果,认为我们西方社会目前流行的性道德法规应对此负完全的责任。虽然他完全承认这种性道德在推动文明发展上的高度价值,但他最后仍然认定它需要加以改造。今日性道德的特征，是把往昔仅对妇女的那些要求扩大到男子的性生活中，并对夫妻之外的任何其他性生活加以禁止。虽则如此，但由于考虑到两性间在性需要方面的天然差别，对男性在性方面的偶尔越轨并不苛责，这实际上等于承认男子在性道德上的双重标准；但是，一个允许双重道德标准存在的社会，便势必不能做到"热爱真理、诚实和人道"，还不止如此，它鼓励一夫一妻制，却因而减小了"性选择"的可能。既然在文明社会中生存竞争已因人道与卫生的考虑降低至最低限度，那唯一能使种族品质得以改进（或发展）的因素，便剩下了"性选择"。

关于性道德造成的种种恶果，这位医生（指艾伦费尔斯）漏掉了一种，我们下面就来讨论它的意义。这就是它加速了（或滋长了）现代人的神经质或紧张不安，这种现象在现今的社会状况下蔓延迅速。有时一个神经病患者会主动请求医生注意他自己的性情素质与社会要求之间的对立，询问这是否就是致病的根源，他会问这个医生说："我们全家都变得精神失常了，我们总想使自己过得更好，也不管自己有没有能力达到。"医生们也常常发现，神经病往往袭击这样一些人，他们的祖父原本生活在淳朴而健康的乡间，是那些粗犷而富有活力的种族的后代，然后骤然来到大城市并在事业上获得了成功，于是乎想到培养自己的孩子，恨不能在短时间内就把他的文化造诣提高到最高水平。这一现象引起医生们的深思。但最有说服力的，是精神病专家们理直气壮地提出的证据,这些证据均证明,精神病人数目的日益增加与现代人的文明生活有关,只要引述几个有名的观察者的看法,我们就能清楚地看到这种说法的可靠性。

艾尔(W.Erb)说:"对于这一根本的问题,我们可以概括如下:是否由于以前所列举的种种造成神经质的原因在现代生活条件下有增无减,就应把责任归之于现代生活?对这样一个问题,只要你随意扫描一下现代生活的种种特征,就可以毫不迟疑地做出肯定的回答。

"只要看一看下列事实,事情便已经很清楚了:现代文明的每一次杰出成就,每一个领域的创造和发明,它在日益增加的竞争中所取得的每一进步,都只能以巨大的心智努力来换取和保持。在这种生存竞争中,对个人能力的要求大大提高了,个人只有将全部心智力量施展出来,才勉强应付这一要求。与此同时,个人对享乐的欲求,也扩展到每个阶层。暴发户们过上前所未有的奢侈生活(他们过去对这种生活根本不习惯),漠视宗教、不易满足和贪得无厌等现象扩展到社会的各个角落和阶层。环绕全球的电话和电报网使通讯事业仿佛无止境地膨胀起来,商业和旅行方式得到全然改观,人们一天到晚都匆匆忙忙,生活处于高度紧张状态。我们夜晚旅行,白天做生意,即使假日的远足,人们的神经系统也得不到放松。严重的政治、宗教、社会斗争、党派利益、竞选活动,凡此种种,都使人思绪繁纷,永远得不到歇息,就连娱乐、休息和睡觉的时间也不得安宁。大城市的生活变得愈来愈纷繁紧张了,那衰竭的神经全靠强烈的刺激和纵情狂欢,才能振作一点,而每当这样做过之后,又变得更加衰竭和劳累。即使是文学作品,也不再给人以享受,现代文学所关心的是一些最能引起争论和最能挑逗起各种激情的问题,它挑动肉感,促使人追求快乐,让人蔑视一切基本的道德准则和所有的理想需求;它描述病态行为、描述性心理变态者,把有关革命、反叛的种种古怪的问题塞到人们的脑子里。我们的耳朵也不清闲,各种嘈杂的音乐不时地震动着我们的耳膜。剧院的节目也使出浑身解数,以最为刺激的表现形式刺激着人们的感官。创造性艺术也发生了一百八十度的大转折,开始偏向那些丑陋的、讨厌的和暗示性的东西,它抗拒现实,毫不迟疑地将生活中最丑陋的方面呈现于我们面前。

"这样一幅简略的图画已足以展示现代文化变迁中的种种危机,至于其细节部分,不用费多大的劲就可以想到。"

宾斯·旺格(Bins Wanger)说:"特别是神经衰弱症,它已被人们描述为一种最有代表性的现代病症。第一位对这种病做出总体描述的人是贝尔德(Beard),他坚信自己发现的是一种只有在美国才能见到的新的神经疾患。这样一种假设当然是错误的,但是,既然这种病是由一个十分有经验的美国医生首先发现而提出的,这本身就足以表明它与现代生活方式之间的密切关系——在这里,那些放任不羁的激情、对黄金和财产的追求,以及技术领域的大发展,已使人们的交流打破了空间与时间的限制。"

冯·克拉夫特·伊宾（Von Kraft-Ebing）说："今天，在无数文明人的生活方式中充满了种种不合卫生的因素，这些有害的因素最直接、最严重地作用于大脑，无怪乎精神病患者会可悲地增加。仅仅用了十年时间，文明人的政治、社会，尤其是商业、工业和农业等方面的状况已大大改变，这种改变突然间改善了人们的职业生活、公民权利和财产收入，但却牺牲了自己神经系统的健康，因为这些东西的取得必然增加了他们家庭和社会方面的需要，而这就要付出更大的精力，而这些精力的耗损是无论如何也恢复不了的。"

对上述言论以及其他一些零星的论述，我需要在此做出自己的评论，这倒不是因为它们是错误的，而是因为它们尚未详尽地描述这种神经质的具体状况，而且遗漏了对它的最重要病因的解释。如果我们越过这种不太确定的"神经质形式"，而考察神经病患者的具体表现，文化的有害影响便不难集中于一点上，这就是在文明社会中那占压倒优势的性道德对文明人（或文明阶级）的性生活施行了不恰当压制的结果。

对上述观点的证明，我已在一系列技术性论文中做了详细叙述，这儿不再加以重复。当然，我研究中得到的那些最重要的论据，在这儿仍然要提到。

临床的观察，使我们区分出两种精神病患，一种是真正的神经（机能）病，另一种是心理症（或精神病）。前一种病症，不管是身体的还是心智上的症状，看上去都具有中毒的症候，这就是说，这种症候是由某种精神毒素的过剩或缺乏所引起的。这样的神经症统称为"神经衰弱症"，其发病原因不能从遗传方面的因素查到，大多数是因性生活失调而造成的恶果。这种病的发病形式与毒性性质之间的确有着密切关系，多半情况下，仅凭对这种病的临床症状的观察，就可以测知其性生活是如何失调的。反过来说，我们在前面所引证的关于文明造成的种种有害影响，在刚才提到的神经疾患中却见不到蛛丝马迹。因此，我们大体上可以这样说，造成这种真正的神经性疾病的原因，主要是性方面的因素。

至于心理症，其遗传因素似乎较为明显，但真正病因并不太清楚。然而，有种奇特的研究方法，即精神分析法，却使我们认识到，这些疾患的症状（歇斯底里、强迫心理症）均是心因性的（心理性的），来自潜意识（压抑了的）活动中各种观念化情结的作用。这种方法还告诉我们，这些情结从广义上说来，的确有着性的内容或意味，它们源自人的未满足的性需要，代表着一种使人满足的替代性力量。因此，我们必须把一切伤害性生活、压制性活动、改变性对象的因素，统统视为造成心理症的病理成因。

我们在理论上把中毒性的与心因性的神经病区分开来，是有一定的价值的，这种价值决不会因为在多数患者身上能同时观察到上述两种病因而减少多少。

每一个同意我的观点，从而把性生活的不满足当作神经疾患的成因的人，都会同意我对这一问题做进一步论述，即在一个更广的范围内讨论为什么现代化生活中神经疾患会增加的问题。

一般说来，我们的文明乃是建立在对本能的压制上的。每一个人都要做出一部分牺牲——他人格中的支配欲、好胜心、侵略性以及报复心等等倾向，从这种牺牲中积累起文明的素材和精神的财富，供公众所有。促使个人做出这种牺牲的主要原因是家庭的情感（连同它的性的根源）大大超出了或凌驾于生存竞争之上的结果，在文明的进展中，这种放弃是循序进行的，并且一步步被宗教神圣化了。个人牺牲其本能的满足，将之奉献于神明，由此而得到的公众利益则被宣布为"神圣的"。那些因为本能冲动十分强烈、最终压抑不住的人，便不能适应社会的要求，近而变成一个罪犯，除非他的显赫的社会地位或出众的才华使他成为一个伟大的人物或英雄。

性本能，或者更确切地说，性的各种本能（心理分析的研究告诉我们，性本能中包括许多种冲动）在人身上要比绝大多数动物身上强大得多，持续得也更长久，它已经完全逾越了动物的那种周期性限制。他的绝大多数精力都供"文明活动"使用，这一点主要取决于它具有的一种典型特征——不管目的如何改变，其强度却仍然保持下来。对这样一种转换能力（即把原本的"性目的"转变为一种与性目的有心理关系的"非性目的"的能力），我们称之为升华作用，这种转移作用，当然大大有利于文明；但性本能又有与此种转移作用相对抗的一面，这就是它的那种顽强的固着倾向，这种倾向使得它宁可退化，宁可变态，也不愿意因受到阻止而改道。既然性本能的原始力量有可能因人而异，升华作用的能力也就各不相同。我们可以想象，一个人到底有多少性欲升华而作他用，恐怕早已由体质和遗传因素决定了。此外，环境的力量和知识对心理官能的影响，也可以使本能升华得更多一些。然而，正如发动机器时热能不可能百分之百地化为动力一样，本能中能转移（或升华）的成分也不能无限制地增加，不管做出多大努力也是如此。要想使其他绝大部分自然本能顺畅和谐，某种程度的性的直接满足仍然是完全必要的；反过来，这一需要的任何挫折，都将伤害个人的生活能力，带来无限的痛苦，甚至使之成为病态的。

假如我们想到，在人类发展的早期，性本能并不是仅仅为了生育，而是为了得到某种快感，我们便能从一个更广阔的视野去观察这个问题。在婴儿期里，人在达到快乐的目的因而得到满足时，这种满足感并不仅仅来自性器官，而且还来自身体其他部分的快感区，所以儿童常有一种执着于这样一些容易取得快感的区域，而不顾身外其他目标。我们称这一时期为自体享乐期，认为从事儿童培育的任务就是限定这一时期；因为如果它延续过久，就会使性本能在以后愈发不好控制，甚至变得一无用处。随着性本能的发展，它会从自体享乐走向"对象爱"，从各个快乐区的独立感受发展到附属于性器官快感之下的次要感受，直到此时，快感方与生育直接挂钩。在这一发展过程中，那种在自体之内引发起的性兴奋的方式被压抑了,因为它们与生育功能无多大关系,在适宜时,它们就被升华掉了。这就是说,文化发展的动力,绝大部分是靠对性兴奋中所谓的"错乱"成分的压抑获取的。

与性本能的发展过程相对应,整个文化的发展过程也可以划分为三个时期:在第一期里,种种不导致生育的性行为,能够自由自在地进行;在第二期里,除了能导致生育的那一种性行为之外,其他各种全部被压制;在第三期中,只有"合法的"生育,才能作为性的目标。我们目前所流行的"性道德",便是第三文化期的代表。

在所设想的这三个时期中,如果我们以第二期为性道德的标准,我们就必须承认,有相当一部分人,由于天性的关系,仍然不能适应这样的要求。在所有的人中,还没有一个人能把上面所说的性欲的整个发展过程(从自体享乐到对象之爱,再到性器官的结合)全部地和准确地完成过,这就是说,任何的性欲发展都会受到干扰和阻碍。这样的障碍,必将导致两种有害的结果,或者说,与正常的或文明的性爱相悖的两种偏离方式。这两种方式之间的关系有如一枚钱币的正面和反面(在这里,还不包括那些性本能极其强烈,因而无法控制的人)。第一种是不同类型的性反常者,他们的性欲往往被固着于婴儿期那种原始的性满足方式,因而妨碍了主要的生育功能的确立;第二种是同性恋者(或性倒错者),由于一种尚无法理解的原因,他们的性对象竟不是异性。既然正常的发展总是受到干扰和阻碍，为什么这两种性变态的人并不像预计的那样多呢？原来，性本能的发展并不是那么死板的，它有一种极为复杂的自我调节能力，即使性本能中的一种、两种或更多的成分在发展过程中受到阻碍，未得到发展，性生活也会以其他各种形式表现出来。那些天生的性倒错者（或同性恋者），往往因为其性冲动能成功地升华为"文明的"东西而成为杰出的人物。

当然，假如性反常与同性恋更为强烈，以至占据了性欲的全部，就会导致严重的后果，使这种人受到社会的排斥，得不到任何幸福和快乐，所以即使第二期的文化要求，也会使相当一部分人遭受苦难和不幸。这样一批自然禀赋异于常人的人，其命运如何，还要看其性冲动客观上说是强还是弱，幸好多数性反常者性冲动并不那么强，所以能成功地压制这些反常倾向，不至于与这一阶段上的文明性道德发生正面冲突。然而可想而知的是，即使在最理想的情况下，他们的成就也不过如此；因为在压制其性本能中，他们的精力已全部耗尽，因而不能对文明有所建树；这些人的心智固然发育不良，外部举动也十分粗鲁。我们将要说到的那些在文化发展的第三期中实施禁欲的人（不管是男是女），同样也会落到如此下场。

如果一个人性本能十分强烈，然而却是颠倒的，那就会导致两种可能的后果。第一种十分明显，无须多说，这种人会无视当前社会文化中流行的道德准则，即使受到制止，其性倒错也会一直坚持到底；第二种就有趣得多了，由于教育和社会要求造成的压制力，这种倒错的性冲动的确受到压制，但这种压制并非真正的压制；因此，我们最好还是称其为一种流产了的压制。在这里，抑制后的性冲动不再直接呈现——单就这一点，抑制还是成功的——却以其他方式来表达，结果同样有害于他本人。既然他本人对社会仍然不会有多大用处，这与不压制时并没有多大区别。因此，这其实是一种失败，从长远观点来说，它完全抵消了压制成功所带来的那点好处。在性本能遭受压制之后继而形成的这种替代现象，便是我们常说的心理症。心理症患者是一群天生的造反者，"文化要求"对他们本能的压制虽能取得表面的成功，但一天天变得不起作用，对于这些人来说，只有付出巨大的代价，才能勉强符合文明生活的需求，代价的付出又造成内心的空虚，因而绝大部分时间都遭受病魔的煎熬。我常常把这种心理症称为性反常的"消极面"。这是因为，在心理病患者中，性反常倾向虽然已被压抑，却又从心灵的潜意识中部分地表现出来。这种压抑了的倾向与明显的性反常表现其实是相同的东西。

经验告诉我们，对于大多数人来说，假如超出一定的限度，他们的禀赋便难以与文化的要求相一致或协调，因此，凡是那些苛求自己，为自己定下更高的标准，以至超出了其本性所允许的限度的人，都必将沦为心理病患者。如果他们能容忍一些自己的"不完美"，日子就会好过得多。观察同一个家庭内各个成员的心理状态，我们常可以得到一个清晰的印象，觉得性反常与心理症只不过是同一种现象的正负两面（或积极的和消极的）。我们看到，在同一家庭中，男孩子如果是性反常者，他的姐妹则因为女人性本能生来就软弱一些，所以多半会成为心理症患者——然而她的症状却常常表现出一种与她那性冲动较强的兄弟相同的倾向。所以在许多家庭里，男子是健康的，然而从社会的观点来看，他们又是不顾廉耻的道德败类；女孩子倒是看上去严正拘谨，不越雷池一步，但却十分神经质。文化往往要求生活于同一个社会中的人在性生活中奉行同样的行为模式，这原是不公平的，因为这种行为模式如果适合某些人的天性，他们奉行起来就不太困难；但对另外一些人来说也许就十分不适合，要奉行它，就要在精神上付出很大的牺牲。不过实际发生的情况常常与此有出入，由于人们常常无视这种道德戒律，所以这种不公正的情形较少出现。

以上所说的种种情形，都局限于第二文化发展期，在这一时期内任何所谓反常的性行为都被禁止，但正常的"性交"却可以随心所欲。我们发现，即使在这一点上划分性自由与性禁止的界限，仍有许多人被斥之为性反常；另一些人虽拼命地挣脱这种反常倾向，最终又免不了成为心理症患者。这样我们便不难预测，如果性自由受到进一步限制，使文化要求的性道德标准提高到第三文化期，以至将正式夫妻以外的任何性行为都加以禁止，情形又将如何？在这种情况下，因性冲动比较强大，而站出来公开反抗他们自身反叛天性的双重压力下苦苦挣扎，最后逃避于心理症的人数,也会增加不少。

这样一来,就有三个问题需要做出回答,这就是:

1.第三文化期在性道德方面的要求,会使个人承担什么样的重负?

2.在禁绝其他种种性行为之后,那唯一合法的性生活带来的满足,能否提供足够的补偿?

3.是否因为这种禁欲危害了个人,才因而对文化有益?

要对第一个问题做出回答,就不可避免地触及下面一个已引起广泛争论的问题,即禁欲问题。在文明的第三发展期,要求男女在婚前都得禁欲;而那些不曾结婚者,则只好独处终身。各方面的权威人士均认为,禁欲并没有坏处,而且不难做到,连医生们也都支持这种看法。但是,要想控制像性本能这样强烈的冲动,恐怕把一个人所有精力都耗尽,也难以办到。只有很少一部分人能够经由升华作用,使自己的性力离开性对象,转而投入更高级的文化活动,当然,这种转移只能在他们一生中断断续续地出现;对于那些性欲似火的年轻人来说,做到这一点就更是难上加难;至于其他的人,则要么是犯罪,要么是陷入心理症。经验证明,在我们这个社会中,绝大多数人的天性不适合禁欲,那些即使在中等程度的性限制下也要进入病态的人,在当代文明性道德的压力之下,无疑会病得更早,也更严重。我们都知道,如果正常的性生活因为先天不足或发展过程中受到干扰破坏而受到威胁,最好的补救办法莫过于性满足本身。陷入心理症的倾向愈大，禁欲就愈不可原谅，因为构成性欲的各种冲动被阻碍得越多，就越是不易加以准确地控制。但是，即使那些受得了第二文化期对性所做的那种特殊道德限制的人，也会在进入第三文化期后陷入心理症；因为性满足的机会愈少，它在人们心目中的价值就愈增加，受挫折的力比多随时都在寻找发泄的出路，由替代的对象求得病态的满足，由此而形成病状。这完全是因为当今社会对性本能的种种限制更为严格的结果。

我们现在进入第二个问题，即合法结婚之后的性交能否对婚前性生活受到的限制做出足够的补偿？大量材料显示，对此问题只能做出否定的回答，对于这些材料，我们只能在此做一简单的介绍。我们必须时时记住，即使是夫妻间的性行为，也要受到现在文明性道德的限制和干涉。一般而言，它仅许可夫妻之间以少数几种能导致生育的动作来寻求满足，因为这样一个缘故，婚后美满的性交只能维持几年时间，其间当然还要扣除因女方身体不适（如月经）而不得不加以节制的时间。经过这三到五年美满期之后，这种婚姻便不能够满足性的需要，因为夫妻为节育而苦恼，这就伤害了性的愉悦，减少了男女双方的微妙的快感感受，甚至成为直接引起病症的根源。

对性交后果的焦虑，首先是损害了男女双方在抚爱时的美好身体感受，慢慢地，那种在开始的强烈感情之后形成的精神上和感情上的柔情蜜意，也将随着前者的消失而消失；随着精神上的失望和肉体快感的减少（这是多数婚姻注定的下场），夫妻双方才开始发现，他们竟然陷入一种比婚前还惨的境地，因为这时连婚前的那些美好的幻觉也没有了，没有别的办法，他们只能竭力克制自己，防微杜渐，严防本能的泛滥。我们完全可以设想，一个成年男子的自制会有多大成功的把握。经验证明，即使受到性道德的严格限制，他也要充分利用剩下的那一点自由，去偷情做爱，虽然这种偷情惊险而又紧张。这种向男人做出让步的"双重"道德法则，等于直截了当地承认了，连这个社会本身也不相信它要求其成员们务必遵守的信条是他们能够做到的。

经验还证明，身为女人，她们这些作为种族繁衍的保护神和"爱情至上"的相信者，其升华能力是相当有限的，吃奶的孩子可以作为其性对象的替代者，但孩子一经长大，便又重新失去这种快乐。在对婚姻生活极其失望的情况下，妇女们难免陷入严重持久的心理病症，终生都被这种病折磨。因此，当今文化标准的婚姻，早已不再是女性心理症患者的万灵妙药了，虽然我们身为医师仍劝女孩们结婚，但我们深深懂得，只有那些相当健康的女孩，才能忍受得了现代的婚姻。如果有些男人向我们征求意见，我们一定会劝他不要去娶一个曾经患过心理症的女人为妻，因为婚后的偷情有可能治愈这种随婚姻而来的心理症。一位妻子，她幼时的家教愈严，就愈不愿违背当代文化的要求，对这种偷情的解脱方式也就愈害怕，在受到本身情欲和责任感的双重夹击下，她只好再次逃到心理症之中，因为再没有比疾病更能保护其美德和更能抵抗情欲的诱惑了。

我们发现，文明社会中年轻人在忍受情欲煎熬时所梦想的婚后生活，在几年之后便再也不能满足性欲的需要。毫无疑问，它绝不能补偿早先禁欲的痛苦。

关于第三个问题，即使那些承认文明性道德会造成种种危害的人，也会这样回答：性欲为整个社会带来的好处，可能会远远超过它带来的危害，因为这种道德所危害的，毕竟是为数很少的个别人。我个人则觉得，我们很难精确地估计得与失之间究竟孰多孰少，但是对于这种文明性道德所带来的损失，我愿意在此做更详尽的论述，以引起人们的关注。我们还是回过头来谈禁欲问题，对这个问题，我们前面已多少提到一些。我认为，禁欲除了引起心理症之外，还会造成其他种种危害，何况就连心理症本身的严重性，我们也没有充分认识到。

致力于延缓青年人的性发展和性活动，似乎已成为今日教育和文化的目的，这件事初看起来似乎并无多大害处。当我们想到当今受教育的年轻人一般很迟才能独立谋生的事实时，延迟其性活动自然也就很必要了。人们偶尔会被提醒说，在我们生活的社会文明中，各种文明制度之间有着密切关系，要想改变其中一种制度，就要牵动其他所有制度，而这又谈何容易！所以有些制度是不能更改的。但是让一个青年男子过了二十多岁仍然禁欲，就再也谈不上有什么益处了，即使他不陷入心理症，也会染上其他毛病。的确，压抑了这种强有力的性本能倾向会使一个人的兴趣投向审美的和伦理的方面，结果会使一个人的性格"坚强"起来，这种情况在某些生性特殊的人身上表现得尤为明显。

因此，我们大体可以接受这样一种观点：人与人之间的性格之所以强弱悬殊，大抵与他们压抑性冲动的程度有关。然而在大多数人当中，要压抑性冲动，就得倾尽全力，这又多半发生在一个年轻人需要倾尽全力去取得物质享受和社会地位的时候。当然，究竟一个人的精力有多少用在性的追求上，才能在"升华"方面更出色一些，这要因人而定，而且与人们所从事的职业有直接的关系。禁欲的艺术家简直就不可想象，而禁欲的年轻知识分子却不在少数。青年知识分子往往因禁欲而更专注于其工作，而艺术家则需要性经验的强烈刺激和激荡才能有所创作。我的总体印象是，禁欲不可能造就强大、自负和勇于行动的人，更不可造就天才的思想家和大无畏的开拓者及改革者；通常情况下它只能造就一些"善良的"弱者，他们日后终归要淹没在俗众里，非常痛苦地跟在那些具有坚强性格的开创者后面跑。

努力禁欲的结果，反而会使性本能特有的执拗性和反抗性充分展示出来。文明教育所要求的，只不过是在婚前的暂时压制，为的是使它在日后得到自由地发泄，以达到生育繁衍的目的。有些极端的例子，他们比一般人的性欲压制要成功得多，但是这种人往往会走得太远，结果会带来一些意想不到的恶果：一旦性冲动得以自由，却又不知怎样去发挥，最后成为永久性的损伤。正因为这个缘故，那些在年轻时施行彻底禁欲的男子，将来必定不会是个好丈夫；女人们模糊地了解这一点，所以在追求她的男人中，反而挑上那些已在别的女人身上证明具有男子气概的人。在女人方面，婚前严格的禁欲会造成更加严重的危害。我们的教育总是倾尽全力压制未婚女人的性欲，为此而制定出十分严格的律令，它不仅禁止她们性交，抬高那些能保持贞操的人，而且还竭力保护她们不受性的诱惑，使她们对日后在性方面注定要起的作用一无所知，绝不容许那些不能导向婚姻的爱情冲动。其结果是，当她的父母亲有一天突然宣布她可以恋爱时，她仍无足够的心理准备，糊里糊涂进入婚姻生活，自己也不知道这是不是爱情的归宿。

这种对爱欲功能的人为压抑，其结果是可想而知的，她既不能对丈夫做出爱情的回报，丈夫多年来一直幻想着的爱情生活的美好风光也就不会出现，这不能不使他大失所望。在这种情况下，该女人在精神上仍然维系于自己的双亲，慑服于他们的权威，因为多年来她的性欲一直是在这种权威的压制下而不得抒发的，在肉体上必然表现为性冷淡，致使她的丈夫从做爱中得不到太大的乐趣。我不知道在那些文明尚未开化的地区是否也有这种性冷淡的女人，我想这是可能的。但不管怎样，每一种性冷淡的病例都是直接由她所受的教育所造成的，这样的女人由于不知性的乐趣，以后也就不愿忍受怀孕的痛苦，完成生儿育女的使命。这就是说，婚前的教养其实已经对结婚的目的产生了威胁。多年之后，由于妻子那曾被遏制的性欲被渐渐纠正，女人一生中性欲最旺盛的时期到来了，久被埋藏的爱情力量被唤醒了，但与此同时，由于她与自己丈夫长期闹别扭，那种甜蜜的爱情关系已不可能再出现了。由于她从前屈服于传统，如今只有三条路可供选择，这就是：性的饥渴难忍，不忠（偷情）或心理症。

人类在处理性问题时的行为模式，往往具体而细微地反映出他对生活其他方面的反应和态度。一个人如能锲而不舍地爱一个人，我们便不难相信他在追求别的目的时也一样会取得成功；另一方面，如果一个人不管因何理由而禁绝性本能的满足，他在生活的其他方面也难免和气谦让、唯唯诺诺，永远不会去积极地争取。从一个人的性生活中可以看出他对人生其他方面的态度，这一点在女人身上表现得尤为突出。女人虽然渴望获得有关性的知识，但她们的教养却不允许她们去了解，觉得这种好奇心不是淑女应当具有的，谁要往这方面想，就是其道德将要堕落的征兆。如此一来，她们对任何心智问题的探索，都变得胆怯起来，连那些一般的知识，在她们眼里也渐渐无足轻重了。

这种思想的禁锢会通过两种方式从性领域向其他领域扩展，一种是不可避免的自由联想，另一种是"自动化"或"潜移默化"——这就像某些宗教禁忌在人类群体中的自动生效，或是对那些与某种信仰不相符合的思想的自动禁止。莫比尤斯（Moebius）曾提出这样一种观点，认为决定男女思想活动与性的行为之差异的是生物学因素，女性生理上的特征，是其思维能力低下的主要原因。这种方法已遭到很多人的反对，我当然也不赞成；相反地，我认为许多女人的智力之所以低下，乃是由于她们思考能力的发展在性压抑过程中受到禁锢。

在讨论禁欲这个问题时，我们一直未来得及去仔细区分它的两种不同类型，即禁止一切性活动的禁欲和仅仅禁止异性性交活动的禁欲。许多人自吹能轻易地禁欲，揭穿其事实真相，我们便发现他们的禁欲原来是靠手淫或其他类似儿童早期自淫的方式来维持的；这样一种性满足的替代方式，既然是性生活向婴儿期的退行，便难免会诱发种种心理症或精神病。此外，手淫与文明的性道德的要求简直是水火不相容的，所以它终究会驱使年轻人与教育的理论发生冲突，这种冲突同他们本想通过禁欲所要逃避的冲突完全相似。再者，这样一种禁欲方法还从多方面损坏了人格：第一，这种在性方面的态度反映了他对生活其他方面的态度，迫使他无论做什么事情都喜欢走捷径，幻想不经过奋斗和痛苦便能取得重大成就。第二，伴随这种行为而来的种种不切实际的幻想，往往使他对性对象的选择标准大大提高，以至于在现实世界里再也找不到一个令人满意的女孩。幽默作家克劳斯（K.Kraus）在一本维也纳发行的刊物《火炬》中，曾以一种看似自相矛盾的方式表达过这一事实："同手淫比较起来，性交只不过是一种不太完善的代替品罢了！"

文明制度所要求的严格标准，以及人们尽全力而要达到的禁欲，二者合在一起，本想达到这样一个目标：把避免两性性器官的结合作为禁欲的焦点，与此同时，又鼓励其他形式的性活动。这种做法预计导致下面两种结果，其可能性各占一半。第一，由于正常的性交方式因强调服从道德而被禁止,那些两性之间所谓反常性交形式,则以身体的其他部位来代替性交的方式,便应运而生,风行于社会。这当然还有另一个原因,这就是:人们基于卫生的考虑,害怕性病的传染。但我们绝不可将这种现象等闲视之,认为它无多大害处,只是正常性交活动中的一种口味变换。实际上则不然,从伦理上说,这是应当受到谴责的,因为它败坏了二人之间的爱情关系,使一桩严肃的事情沦落为无足轻重的小事,既无须为它去冒险,也不需在心智上熬费功夫。第二,正常性生活受到阻止之后可能导致的另一个后果是同性恋的日渐普遍。除了那些天生有同性恋倾向或是因幼年环境的影响而染上这种毛病的人之外,大多数同性恋者都是在成年之后因为力比多的主流受阻,才不得不进入同性恋这个支流中去的。

坚持禁欲所造成的所有无可挽回的不良后果差不多都指向这样一件事:它们摧毁了一切可以导向婚姻的准备条件,婚姻在文明的性道德看来,却是所有性倾向的唯一目的。由于手淫或其他反常的性经验,不少男人的力比多已习惯于种种反常的满足方式,所以一旦结婚,便很不自在,性能力也得不到像样的发挥。至于那些只能以反常的手段保持其童贞的女人,面对婚后正常的性交方式,就只有性冷淡。婚姻一开始双方便不能热烈相爱,一旦瓦解起来比什么都快。一次强烈的性经验本可以克服女人因教育不当而造成的性冷淡倾向,却恰恰碰上男人的性能力也不强,不能使对方感到满足,致使她的性冷淡只好继续下去。这样的夫妻比正常人更难以适应避孕操作，因为男方的性能力相当衰弱，再也不能忍受避孕工具的束缚。处在这样的窘境里，性交的愉快不但全然失去，而且变成一切问题的根源，于是只好放弃，婚姻的精华部分也就随之以亡。

我提请所有这方面的专家注意，我在这里并没有夸大其词，我所描述的这一切，都是明眼人一看便知的。一般人很难相信，在那些受文明性道德制约的夫妻当中，保持正常性能力的男人少到什么地步，患性冷淡的女人又多到什么地步；他们也很难想到，夫妻之间为了维持这种婚姻，要付出多大的代价，他们从这种婚姻中得到的东西又少得多么可怜。可以说，他们根本就得不到曾经热切期望的那种幸福。我早已证明过，心理症乃是逃避这种恶果的最理想的避难所；在这里我还要进一步指出，这种婚姻不仅危及夫妻双方，还要危及他们唯一的（或几个）孩子。

初看之下，我们会觉得孩子的病态是父母遗传下来的，但进一步的观察却证明，儿童期的强烈印象才是决定性的因素。这种神经质的母亲既与丈夫不合，便显得对孩子倍加关心和爱护，她已经把自己爱的需要转移到孩子身上，这就必然会过早地唤醒儿童的性感受。总之，父母间的不良关系会刺激孩子的情感生活，使他在婴儿时期就体验到强烈的爱、恨和嫉妒等感情；但这样的家庭对孩子的教育通常又极严格，使他们那早熟的性欲无法得到表现，这等于是在正常的压抑和力量中又添加了一层，由这种压力所造成的冲突中包含了一切条件，足够使他一生都受心理症的煎熬了。

在此我想重申本文开头时的一些主张，这就是：人们在看待心理症时，常常低估了它的严重后果。我这样说，倒不是指人们常见的那些现象：一个人不幸患了心理症，其亲友们并不真的认为他有病；他去求医，医生们最多给他一些空头的安慰，如劝他做几个礼拜的冷水浴或几个月的安心静养之类。这些只不过是门外汉和无知的医生的看法，他们的发言除了给患者以短暂的安慰外，就没有其他任何意义。

事实上，一个长期患心理症的人，即使没有完全"瘫痪"，也会终生背上沉重的十字架，同患肺结核或心脏病一样的悲惨。这样一来，心理症就使社会中相当一部分人形同废人，另一部分患者虽然症状较轻，精神上也总是时时受着痛苦的煎熬。如果情况仅仅如此，这种损失还是可以计算的，但我必须提醒诸位注意这样一个事实：不管这种病发生在多少人身上，也不管它传播得多广，最终都会有害于社会，使它无法达到自己的目的；这样一来，社会苦心压抑那些它认为极其有害的精神力量，到头来仍然为这些力量所害。

社会推崇的道德法规使个人付出牺牲，但它自己又得不到任何好处——一个充斥大量心理症患者的社会，的的确确是没有什么好处可言的。对此我们可以举一些常见的例子来证明。一个女人本来就不爱她的丈夫（因为无论从结婚时性生活的情况和婚后生活的经验，她都没有理由去爱他），但又非得热切地爱他不可，因为只有这样才是理想的婚姻，才不至于违背她所受的教育。这样一来，她就会想方设法去压抑自己的真实感情，违背自己热切追求的目标，不惜牺牲一切去做一个温柔、体贴和顺从的妻子，这种自我压抑，最终只能导致心理症的发作，心理症反过来只会去加重丈夫的负担。对于丈夫来说，这无疑是一种报复，他得到的是无限麻烦，而不是满足和乐趣，这比妻子公开坦白自己不爱他还要痛苦得多。这样一个例子充分说明了一个心理症患者造成什么后果。除了性冲动之外，社会所要压制的其他一些有害的冲动也常常不能得到应有的补偿。比如说，如果一个人对自己粗暴的天性极力压制，就可变得过分地"慈悲"；但要达到这样一个结果，他就得付出相当大的精力，这种付出可能大大超出了他所能得到的，具体说，他因此而做的善事还不如他没有压制自己天性之前做得多。

必须指出，在任何一个民族里，这种对性活动的限制都会大大增加人们对生存的焦虑感和死亡的惧怕感。这样一种心理状态既干扰人们享受生活乐趣的能力，又摧毁了他的冒险精神和不惧一死的勇气——这两种后果都促使人们不愿再生育后代；而这种不能繁衍子孙的个人或民族，久而久之就要消亡。我们不禁要问：这种文明的性道德究竟是否值得我们去为之牺牲？特别是当我们还不愿完全放弃享乐主义的人生观，认为促进个人幸福乃是文化发展之目的的一个组成部分时，我们的这个疑惑就会有增无减。作为一个医生，我无权设计一个改革的方案，但是当我参考艾伦费尔斯先生的意见,将文明性道德带来的恶果一一列举出来,并指出它与文明人神经质增加之间的关系时,我已尽了自己的本分。我所做出的补充和进一步解释意在使人们认识到,对这一性道德实行改革,已经是一件相当急迫的事情了。